Direction de la publication
Isabelle Jeuge-Maynart

Coordination éditoriale
Christine Dauphant

Direction artistique
Emmanuel Chaspoul
assisté de **Sylvie Sénéchal**

Mise en page
Catherine Le Troquier

Couverture
Véronique Laporte

Illustrations
Rachid Marai

Lecture-correction
Chantal Pagès et Pierre Vallas

Fabrication
Annie Botrel

L'éditeur remercie infiniment :
Iram Ahmed, journaliste
Caroline Vacquier, styliste
Romain Malard, photographe

© Larousse 2008

ISBN : 978-2-03-583836-0

Toutes les femmes
sont belles !

Cristina Cordula

Toutes les femme sont belle

Toutes les femmes sont belles !

Cristina CORDULA

Textes
Alexie Lorca

Photographies
Alexandre Isard

LAROUSSE

21 rue du Montparnasse 75283 Paris Cedex 06

À ma mère, à mon père.

*J'*ai découvert le « conseil en image » aux États-Unis et en Angleterre. Ce métier m'a séduite immédiatement. Il me permettait de mettre mon expérience de la mode au service des autres, tout en restant dans un univers glamour. Le public m'a beaucoup donné lorsque j'étais mannequin. Alors, aujourd'hui, j'ai très envie de donner. Beaucoup de personnes, des femmes mais aussi des hommes, ont du mal à maîtriser leur image. C'est pourtant de plus en plus important. Des enquêtes ont montré qu'un premier rendez-vous fixe à 70 % votre image dans la tête de votre interlocuteur. Vous aurez beau essayer de changer si vous le revoyez, il pourra très difficilement se défaire de sa première impression. D'où l'intérêt d'être au top, notamment lors d'un premier entretien d'embauche. Beaucoup de gens viennent me voir pour cela, d'ailleurs. Même s'il existe d'autres raisons, évidemment. Pour moi, il ne s'agit pas de changer une personne, mais au contraire de révéler sa personnalité, de la mettre en valeur, de mettre en adéquation l'intérieur et l'extérieur. Il faut donc être à l'écoute et savoir comprendre. C'est un travail très humain, un échange, souvent très émouvant. Car les personnes que je conseille m'apportent beaucoup. Certaines me donnent parfois des petits trucs pour la gestion de ma société, par exemple.

Pour moi, ce livre est une consécration. D'abord parce que mon père était un amoureux des livres et que je pense qu'il serait très fier de voir le nom de sa fille sur une couverture. Ensuite parce qu'il va aider beaucoup de femmes.

Cet ouvrage a aussi été l'occasion pour moi de rencontrer des gens formidables.

Je tiens à remercier du fond du cœur Isabelle Jeuge-Maynart et Ghislaine Stora, directrices de Larousse, ainsi que Carole Bat ; et puis Christine Dauphant qui a été à mes côtés durant tout ce travail.

Sans oublier tous les membres de l'équipe qui ont rendu ce livre possible.

Merci, merci mes Chéris !!!

Cristina

Cristina Cordula

Cristina est née à Rio de Janeiro. Son père est chef d'entreprise, sa mère est sociologue. Issue de la classe moyenne, la famille évolue dans le milieu artistique. L'oncle de Cristina est un peintre reconnu et sa mère fréquente des artistes. Son père quant à lui est un intellectuel, féru de philosophie. Jeune fille, Cristina passe de longs moments à discuter du monde et de la vie avec lui. Elle lui parle de son souhait de devenir mannequin, ce qu'il ne voit pas d'un très bon œil. A 16 ans, elle commence pourtant à défiler soutenue par sa mère qui l'aidera jusqu'au bout à réaliser son rêve.

Cristina entreprend parallèlement des études en communication et en journalisme. Repérée par des agences étrangères, elle quitte son pays. Elle travaille dans plusieurs pays européens avant d'arriver à Paris où elle connaît un succès fulgurant. Elle devient un top model international

Cristina bébé, à l'école, en vacances avec son frère et ses parents, puis avec son père et sa mère.

que s'arrachent les photographes et couturiers new-yorkais, milanais, japonais, londoniens et évidemment parisiens. Elle voyage beaucoup mais s'installe à Paris, la « plus belle ville du monde » pour elle !

Égérie de la campagne publicitaire internationale du parfum « Paris » de Yves Saint-Laurent, Cristina défile pour le grand Yves, mais aussi pour Chanel, Dior, Ungaro, Lanvin, Kenzo, Rykiel et bien d'autres encore. Elle, Marie-Claire, Vogue, tous les magasins féminins la plébiscitent. Peu après la naissance de son fils, Enzo, elle décide de mettre un terme à sa carrière.

Elle crée avec une amie une ligne d'accessoires de plage. L'affaire marche bien, mais ne satisfait pas entièrement Cristina. Ce qu'elle aimerait, c'est partager son expérience de la mode et aider les gens à se réconcilier avec leur image. Le conseil en image s'impose naturellement à elle. Ce métier lui permettra de mettre au service du grand public sa profonde connaissance de l'image, de la mode, du stylisme, de la coiffure, du maquillage mais aussi de la morphologie, de la gestuelle, des couleurs, du savoir-vivre et des différentes cultures découvertes au cours de ses voyages.

En 2002, sa profonde connaissance de l'image, de la mode, du stylisme, de la coiffure, du maquillage mais aussi de la morphologie, de la gestuelle, des couleurs, du savoir-vivre et des différentes cultures lui permettent de devenir conseillère en image. Et ce sont tous ses secrets qu'elle met au service de ses clients, qu'il s'agisse de femmes, d'hommes ou d'entreprises.

En 2004, M6 lui propose de collaborer à une émission de relooking, « Nouveau look pour une nouvelle vie ». Depuis, la belle Brésilienne est régulièrement invitée à parler de son métier à la radio, à la télévision et dans les magazines.

Ce qui fait le succès de Cristina, c'est sa gaieté et son dynamisme contagieux, ainsi que sa curiosité et son amour des autres. Car il en faut, de l'amour, pour faire ce métier !… De l'amour et tout ce qui va avec : savoir regarder l'autre, l'écouter, être capable de saisir ce qu'il n'arrive pas à exprimer ; savoir lui parler aussi, sans brusquerie, mais avec psychologie et ce brin de fermeté joyeuse qui aide à franchir les caps parfois difficiles…

Sylvie Coudray

Sylvie réalise ses coupes sur cheveux secs. Cela évite bien des mauvaises surprises à ses clientes, qui, une fois rentrées chez elles, peuvent reproduire leur coiffure sans peine.

Après des études d'histoire de l'art et d'arts plastiques, Sylvie Coudray se lance dans la coiffure !

En 1989, elle présente à l'Hôtel des Arts de Paris une collection de perruques qui fait un tabac, lui vaut d'être sacrée « meilleure jeune artiste de Paris », et encensée par les médias. Elle intègre alors un grand studio de coiffure international et commence à travailler à Londres, à New York et, bien sûr, à Paris, pour des magazines (Elle, Marie-Claire, Vogue...) et des défilés. Elle travaille notamment pour Chanel, Christian Dior, Céline Mugler, Galliano, Hermès, Gaultier... Elle réalise également tous les maquillages et coiffures des portraits qui décorent le restaurant « Le Kong », conçu par Philippe Stark.

En 2003, Sylvie décide de mettre son talent au service des particuliers. Elle ouvre un atelier de coiffure au 1 rue de Liège à Paris. Baptisé « La Nouvelle Athènes », ce salon au cadre élégant et glamour connaît un formidable succès. Elle y met en pratique avec son équipe la technique de coiffure qu'elle a elle-même créée.

Pour Sylvie, la chevelure est un accessoire destiné à mettre en valeur le visage, le décolleté et la silhouette. Une coupe ou une couleur mal adaptées peuvent gâcher un visage et une personnalité. Sylvie sculpte les cheveux, elle sent la matière et anticipe le mouvement.

M.A.C.

Aucun des 250 produits M.A.C. ne comprend de composant d'origine animale. Et, évidemment, aucun test n'est pratiqué sur des animaux.

En 1984, Frank Toskan, maquilleur et photographe, et Frank Angelo, propriétaire d'un salon de coiffure, créent à Toronto, M.A.C. (Make-up Art Cosmetics). Il s'agit au départ pour ces deux professionnels de la mode d'imaginer des produits performants pour les défilés et les studios photo. Deux ans plus tard, ils décident d'ouvrir leur collection de maquillage au grand public.

Toujours présentés dans des emballages noirs — couleur fétiche de la marque —, les produits sont vendus au sous-sol d'un grand magasin de Toronto… non par des vendeurs, mais par des maquilleurs professionnels capables de conseiller précisément la clientèle. Le succès ne se fait pas attendre. Au fil du temps, stars et célébrités plébiscitent la marque — Linda Evangelista, Diana Ross, Elton John, Catherine Deneuve, Liza Minnelli, Pamela Anderson…

M.A.C. se distingue aussi par ses nombreux engagements caritatifs et environnementaux. Créé en 1994, le M.A.C. Aids Fund a recueilli plus de 90 millions d'euros qui ont été remis à différentes associations de lutte contre le sida. Les ventes des rouges à lèvres de la gamme Viva Glam sont intégralement reversées à ce Fond sida. Côté environnemental, M.A.C. recycle les emballages. Un rouge à lèvres est offert aux clientes qui rapportent leurs emballages vides par six.

Amandine, Anaïs,
Annabelle, Annie,
Audrey, Carole,
Charlotte, Éléna,
Élisa, Élisabeth…

… sublimées,
dans le respect
de leur personnalité.

AMANDINE

Je veux être stylée, même en travaillant en blouse !

Amandine en bref	Ses atouts
• 23 ans	• Des yeux magnifiques
• 1 m 68	• Une fraîcheur de jeune fille
• Ergothérapeute	• Un corps mince
• Célibataire	**Sa morphologie**
	• H

« Je me sens engluée dans une routine vestimentaire. J'aimerais que l'on m'apprenne à me connaître mieux, à savoir ce qui me va. En plus, je travaille avec une blouse, ce qui ne donne vraiment pas envie de faire des efforts le matin. Je n'aime pas le shopping, je ne me maquille pas. Bref, je ne suis pas une fille ! Je dois bien avoir quelque part un côté féminin, mais j'ai besoin d'aide pour le découvrir et apprendre à le cultiver. »

« Tu dois te mettre en valeur, Amandine ! »

« Je me sens engluée dans une routine vestimentaire… »

CRISTINA

Amandine est le type même de la jeune femme qui ne sait pas qu'elle est belle. Elle porte de jolis vêtements qui prouvent qu'elle a du goût mais qui ne lui vont pas ! Elle ne se met pas en valeur, tout est trop large. Elle a une jolie silhouette et des jambes magnifiques, mais elle se tient vraiment trop mal ! Elle est très mince ; sa taille n'est pas très marquée. Il lui faut des vêtements droits et près du corps.

Le diagnostic

Une bonne coupe est nécessaire pour mettre en valeur le visage.

Le pull large et sans forme noie le buste.

Les épaules relâchées donnent une allure négligée.

La couleur taupe du pull est trop terne pour la carnation.

Les grosses baskets sont trop masculines.

ON ÉVITE

- Les cols roulés qui font ressortir la mâchoire.
- Les tenues trop «ado».
- Les pantalons trop larges, style baggys.

ON PRÉFÈRE

- Les tuniques droites et près du corps.
- Les décolletés qui mettent en valeur la blancheur de la peau.
- Les accessoires qui féminisent la silhouette.

La masse de cheveux élargit le visage et gomme le cou. On raccourcit pour dégager et allonger le port de tête.

Un peu de volume sur la nuque rééquilibre le profil.

Les cheveux sont sculptés de façon graphique en contours et sur le front pour illuminer et moderniser le visage.

Une repigmentation de la couleur naturelle va faire ressortir la beauté du teint diaphane.

MAQUILLAGE

Un fard taupe sur la paupière mobile et prune au ras des cils fait ressortir le bleu des yeux.

Sur les pommettes, un blush naturel un brin rosé rehausse le teint.

Une touche de poudre de soleil claire sous la pointe du nez crée une fausse ombre et atténue l'effet goutte d'eau.

On applique un crayon contour autour des lèvres puis on les recouvre de gloss pour un effet pulpeux et naturel.

LOOK

La tunique en soie, habillée d'un long collier de la même couleur, souligne la minceur et l'élégance du buste.

Le pantalon blanc et droit allonge la jambe.

Un brin d'anti-cernes et un voile de poudre libre très fine réveillent le teint de porcelaine.

La coupe révèle la finesse des traits et la beauté du visage.

« *Je me suis découverte, aux sens propre et figuré* »

AMANDINE

J'ai eu beaucoup de mal quand j'ai découvert ma nouvelle tête. C'était trop différent. J'avais l'impression de me découvrir aux sens propre et figuré. Mon visage était tellement dégagé… comme si on m'avait dévoilée… Quelques personnes qui me connaissent depuis longtemps ont eu un peu de mal ; ils ont trouvé ça trop décalé, trop parisien ! Mais la majorité a aimé. Moi je me suis habituée. Je me maquille plus qu'avant et j'ai acheté des vêtements dans l'esprit de ce que m'a conseillé Cristina.

Amandine ne savait pas à quel point elle était belle…

ANAÏS

Je veux que mon homme soit fier de moi…

Anaïs en bref
- 25 ans
- 1 m 65
- Responsable d'un centre de loisirs en école maternelle
- En couple

Ses atouts
- Un joli port de tête
- De beaux yeux

Sa morphologie
- H

« J'avais 17 ans quand j'ai rencontré mon ami, et je porte toujours les mêmes vêtements… et les mêmes chaussures ! Pourtant je ne suis plus la petite fille d'alors. Mon amoureux en a marre. Quand on sort ensemble, il lui arrive de me dire que je lui fais honte. Il faut dire que j'ai été élevée par mon père et que je récupérais les vêtements de mon frère et de ma sœur. Je ne connais pas du tout les magasins. Pendant les dernières soldes, mon ami m'a carrément donné sa carte bleue pour que j'aille m'acheter des vêtements. Je n'ai ramené qu'une robe qui ne lui a pas plu. »

« Je ne suis plus la petite fille qu'il a rencontrée… »

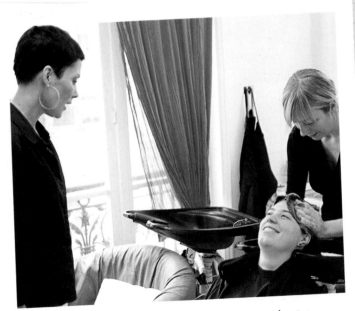

« On va commencer par une bonne coupe Anaïs… »

CRISTINA

On a l'impression qu'elle a piqué les vêtements de son copain ! Elle fait masculine et négligée… Il faudrait qu'elle porte des formes droites et des culottes « ventre plat ». Je vais lui proposer des petites choses féminines mais simples et confortables, car sinon elle ne supportera pas ! De toute façon, elle est tellement peu habituée à prendre soin d'elle et à s'habiller, que le résultat va la choquer…

Le diagnostic

La couleur est beaucoup trop fade pour le teint d'Anaïs.

Il faut dégager le cou.

Le pantalon trop grand et mal coupé alourdit la silhouette.

Le côté « bouffant » du pantalon plombe la silhouette.

Les chaussures sont beaucoup trop masculines.

ON ÉVITE

- *Les tissus qui moulent le ventre.*
- *Les couleurs fades.*
- *Le 100 % sportswear.*

ON PRÉFÈRE

- *Les blouses qui masquent le ventre et allègent le buste.*
- *Les pantalons un peu ajustés qui donnent de l'allant à la silhouette.*
- *Les chaussures plates mais féminines, genre ballerines, nu-pieds…*

On garde la longueur en sculptant les pointes pour alléger la chevelure et la silhouette.

On ouvre les côtés pour alléger, dynamiser, et affiner les traits.

Une frange mèche légère adoucit sans alourdir le bas du visage.

On sèche en rebiquant légèrement les mèches vers l'extérieur.

MAQUILLAGE

On illumine le teint sans charger,
pour un effet très naturel.

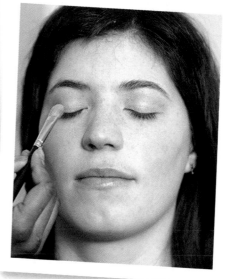

On recouvre la paupière mobile, très petite,
d'un fard poudre rose.

Les joues étant naturellement colorées,
on structure les pommettes avec une
poudre beige très discrète.

On redessine à peine les lèvres avant de les
recouvrir d'un gloss bois-de-rose irisé nacré.

*Il faut de la couleur pour « réveiller »
Anaïs.*

*Un
accessoire
peut
changer
une
tenue du
tout au
tout.*

Tu t'es vue quand t'es belle !

*On peut être une jolie fille
sans en faire des tonnes...*

« *Je voulais être méconnaissable, c'est réussi !* »

ANAÏS

Il m'a fallu quelques jours pour m'habituer, pour me rendre compte que la personne que je voyais dans la glace c'était moi ! Plusieurs personnes de mon entourage ont mis un moment avant de me reconnaître. Ça m'a mis du baume au cœur, car c'est bien pour être méconnaissable que j'ai voulu faire ce relooking. Mais, quand on entreprend ce genre d'expérience, il faut être conscient qu'il va y avoir un moment d'adaptation, qu'il faut du temps pour accepter puis pour aimer sa nouvelle image...

« *Les vêtements de fille, ça peut être confortable...* »

ANNABELLE

Je voudrais passer en douceur, du côté féminin de la force !

Annabelle en bref	Ses atouts
• 19 ans	• De jolies mains
• 1 m 70	• Une belle peau
• Étudiante	• De petits seins
• Célibataire	
	Sa morphologie
	• H

« Je suis étudiante dans un IUT « électro ». Nous sommes 40 filles pour 160 garçons ! Et après, on me reproche d'être un garçon manqué ! À la maison, je ne suis pas aidée. Mon père n'aime pas que je fasse trop « fille ». J'ai dû lutter pour me faire percer les oreilles ! Ma mère est une ancienne Miss Taïwan, mais elle n'est plus très coquette. Bref, difficile de trouver mon style ! **»**

« On me reproche d'être un garçon manqué… »

« Il faut amener Annabelle à être plus féminine. »

CRISTINA

Il faut amener Annabelle à être plus féminine, mais sans la brusquer. On va commencer par une robe avec un collant opaque pour qu'elle ait l'impression d'être très couverte ! Elle doit aussi adopter quelques gestes féminins : se maquiller légèrement, mettre du vernis à ongles… Des petits riens qui font la différence même quand on s'habille en garçon ! Elle est mince et n'a pas de taille : on privilégie donc la taille Empire ou au contraire la taille basse.

Le diagnostic

Les pointes des cheveux trop effilées donnent un effet « queue de rat ».

Le magma cheveux-collier-tee-shirt-pull cache le port de tête.

La superposition allonge le buste et raccourcit les jambes.

Le jean qui tombe sur les baskets donne une allure « adolescente ».

La ligne des sourcils est mal définie.

ON ÉVITE

- *Les pulls longs et larges qui rapetissent les jambes.*
- *Les pantalons baggy ou treillis qui masculinisent.*
- *Les baskets qui alourdissent la silhouette.*

ON PRÉFÈRE

- *Les pantalons près du corps et taille basse.*
- *Les robes taille Empire.*
- *Les vestes courtes un peu cintrées.*

On adoucit la structure du visage
en sculptant des mèches sur les côtés.

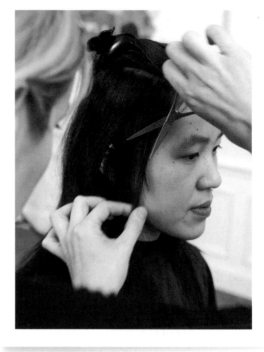

Pour rééquilibrer le visage et mettre
en valeur les yeux et la bouche,
il faut couvrir le front.

On épile les sourcils en les affinant
vers l'extérieur.

La coupe a redonné de la matière et
de la fluidité à la chevelure.

MAQUILLAGE

Une crème hydratante enrichie de microparticules rosées donne de l'éclat aux peaux asiatiques.

Le fond de teint beige donne l'illusion d'une seconde peau.

On recourbe les cils un peu tombants avant d'appliquer le mascara.

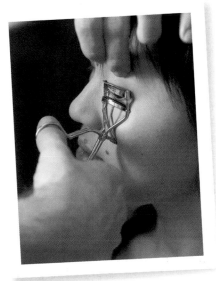

On applique au doigt un gloss bois-de-rose, sans crayon contour, les lèvres étant bien tracées.

Une jolie robe taille Empire pour s'habituer aux vêtements de fille !

Le décolleté n'a pas l'air d'effaroucher Annabelle…

Des bottes et des collants opaques pour être féminine sans trop en montrer…

Un petit blouson en cuir pour un clin d'œil « néo-rock ».

« *Mon père a eu un choc, mais, heureusement, il s'est habitué.* »

ANNABELLE

Quand je me suis vue, ça m'a fait un drôle de truc… C'était spectaculaire. Le choc a été le même pour mes amis. Ils m'ont trouvée moins petite fille, plus femme. Ma mère a bien aimé, mais mon père a trouvé ça « trop osé ». Depuis, il s'y est fait, heureusement ! Et puis je ne sais pas si c'est un effet du relooking, mais j'ai trouvé un petit copain. Peut-être parce que je me sentais plus sûre de moi… Je me suis acheté une robe et je m'habille davantage pour sortir. Et puis je me maquille plus. Je me suis même mise au fond de teint… pas tous les jours, mais c'est un début !

Annabelle est devenue une superbe jeune femme.

ANNIE

Rajeunissez-moi et féminisez-moi !

Annie en bref	Ses atouts
• 47 ans	• Un joli corps
• 1 m 54	• De belles jambes
• Infirmière	**Sa morphologie**
• Mariée, 2 enfants et un petit-fils	• 8

« Je n'ai jamais su trouver un style. Je parais plus vieille que mon âge. Je suis grand-mère depuis trois ans, c'est vrai, mais je n'ai que 47 ans ! Et puis, il y a un vrai décalage entre ce que je suis réellement et l'image que je donne. Je semble triste, alors que je suis une rigolote, une boute-en-train ! Bref, je voudrais enfin ressembler à une femme gaie, pétillante... ce que je suis ! »

« Je semble triste, alors que je suis une rigolote !... »

« Il faut montrer que tu es une femme, Annie ! »

CRISTINA

Annie est petite mais plutôt bien faite. Elle cache sa silhouette sous des vêtements « ado masculin ». On ne s'aperçoit même pas qu'elle a une belle poitrine. Il faut qu'elle montre ses formes. Et puis le jean avec un ourlet normal, ce n'est pas possible ; c'est ringard. Quand on achète un jean trop long, il faut impérativement le faire raccourcir avec un ourlet spécial « jean ». Elle doit aussi faire attention au choix des chaussures. C'est souvent en regardant ses chaussures que l'on juge de la classe d'une personne. Les siennes sont beaucoup trop masculines. Pour elle, talons obligatoires !

Le diagnostic

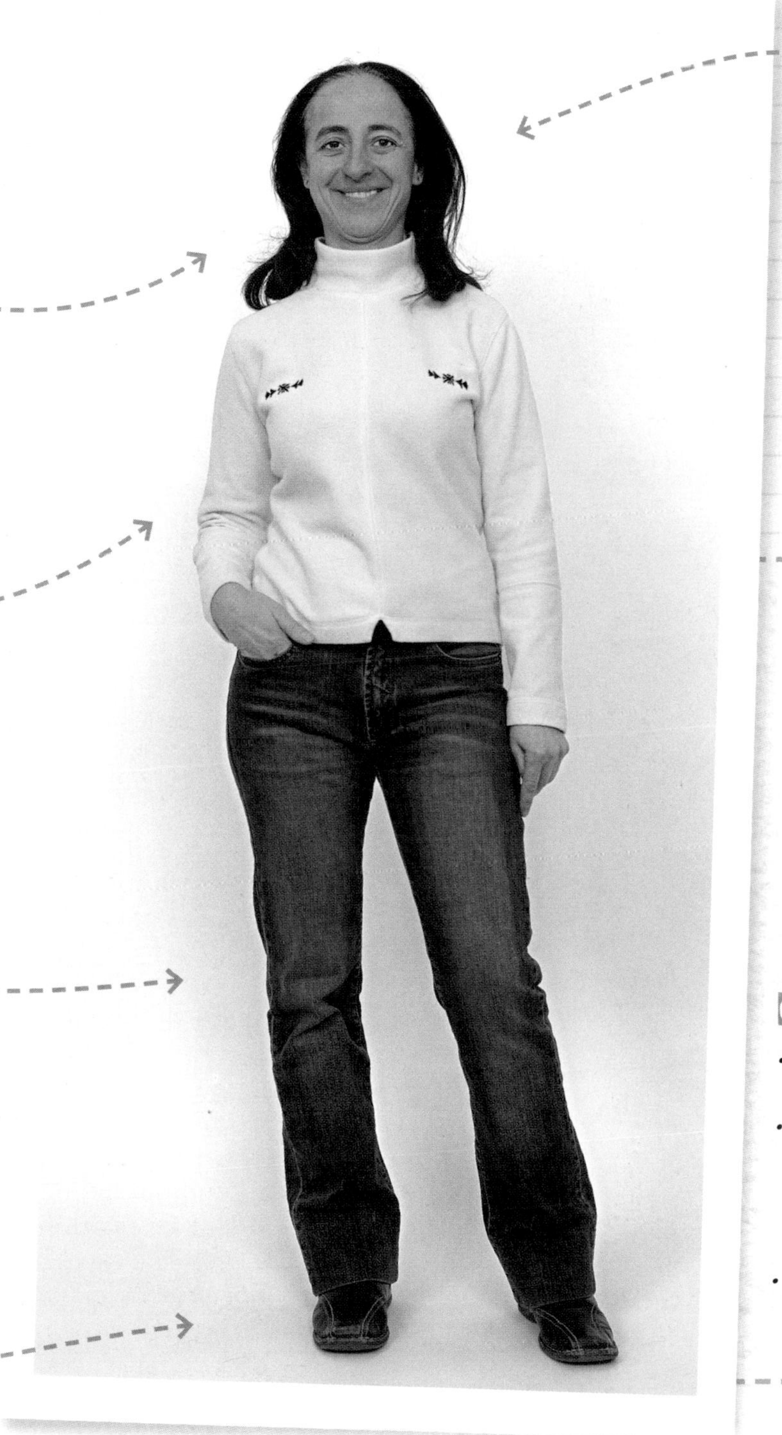

Le col montant
fait ressortir le
double-menton.

La coiffure
est inadaptée
à la morphologie
du visage ;
le front doit
être couvert.

Le pull
sportswear est
anti-féminin.

Un jean
nécessite
un ourlet jean !
Ourlet façon
pantalon
interdit !

Les
chaussures
sont trop
masculines.

ON ÉVITE

- Le sportswear
  post-ado.
- Les grosses
  chaussures
  plates.
- Les vêtements
  sans forme
  qui cachent
  l'harmonie
  du corps.

ON PRÉFÈRE

- Les talons
  qui allongent .
- Les pantalons
  taille haute qui
  mettent
  les hanches
  en valeur.
- Les robes cintrées
  au-dessus
  du genou.

Les cheveux allongent le visage et affinent trop le cou. On rééquilibre en raccourcissant et en libérant le port de tête.

On diminue le front et la hauteur du visage en créant une mèche qui retombe sur le front.

Une jolie couleur « châtain chocolat » couvre les cheveux blancs et fait ressortir les yeux. Les sourcils sont affinés ; on crée une courbe qui accompagne la forme des yeux.

Où l'on découvre la personnalité pétillante d'Annie…

MAQUILLAGE

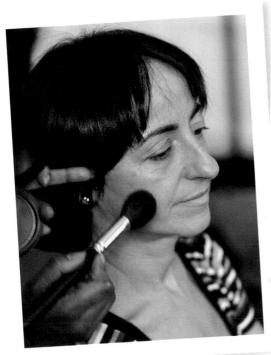

Un fond de teint doré respecte la carnation en illuminant le teint.

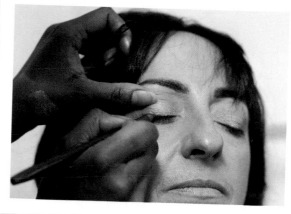

Un crayon marron très foncé fait ressortir la couleur noisette des yeux.

Une touche de poudre de soleil sur les pommettes réchauffe le visage. Un gloss naturel rend la bouche mutine.

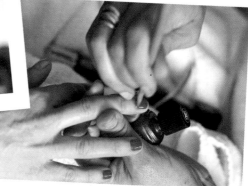

Féminine jusqu'au bout des doigts !

*Une petite femme en talons,
c'est quand même mieux, non ?*

*La robe
pull
et courte
féminise
la silhouette.*

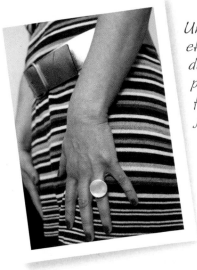

*Une bague
et un peu
de vernis…
pour être
féminine
jusqu'au
bout des
ongles !*

*Un joli décolleté dégage le port de tête
et donne le sourire !*

« Mon mari dit qu'il a changé de femme ! »

ANNIE

Ça a été l'émeute, au boulot et à la maison. Les yeux de mon mari brillaient. Maintenant, il dit qu'il a changé de femme, qu'il a troqué une vieille contre une jeunette ! Au travail, plusieurs personnes m'ont dit « bonjour Madame », avant de me reconnaître ! Je me maquille tous les jours. Je me suis rendu compte que ça prenait peu de temps. Je me suis acheté une robe, des petits hauts et des chaussures à talons ! Je crois qu'il faut être prête dans sa tête pour tenter cette expérience. Car c'est violent, une telle transformation.

Annie a rajeuni et qu'est-ce qu'elle est jolie !

AUDREY

Je veux séduire mon mari !

Audrey en bref	Ses atouts
• 27 ans	• De beaux yeux bleus
• 1 m 63	• Un corps mince
• Coordonnatrice qualité	*Sa morphologie*
• Mariée	• X

« Je n'arrive pas à me défaire de mon look ado. Au boulot, c'est embêtant car on me prend souvent pour la stagiaire ! Il faut que je change d'image pour être plus crédible et pouvoir m'imposer face à des collègues plus âgés. Et dans le privé, j'aimerais faire plus « femme », surtout pour séduire mon mari ! J'aime les talons, les robes, les jupes ; je fais souvent les boutiques mais je ne sais jamais quoi acheter. Alors le week-end, je traîne en jean et tee-shirt ! Je voudrais être sexy et tendance, mais je n'ose pas. Il faut que l'on m'aide à être plus aventurière en matière de look, et à sauter pleinement dans ma vie de femme ! »

« *Aidez-moi à sauter dans ma vie de femme !...* »

« Il faut t'accepter en tant que femme, Audrey. »

CRISTINA

Elle a du chien mais ça ne se voit pas. Elle se cache sous un côté petit garçon. Les baskets la cantonnent dans ce style. De même que les lunettes qui ne sont pas assez féminines. Dans l'idéal, il faudrait qu'elle porte des lentilles de contact pour que l'on voie ses yeux. L'orangé des cheveux lui donne mauvaise mine. C'est d'ailleurs rare que cette couleur flatte le teint. Audrey est mince et sa taille est marquée. On peut créer des rondeurs en jouant sur des tissus brillants, amples et fluides en haut et moulants en bas, ou vice versa.

Le diagnostic

La couleur des cheveux donne mauvaise mine.

Le total look noir, sans forme ni accessoire est réservé aux veuves du siècle dernier !

Les baskets ajoutent au côté « petit garçon grandi trop vite ».

Les lunettes sans monture cernent les yeux.

La poitrine est noyée dans le pull trop large et trop épais.

ON ÉVITE

- *Les tops moulants qui marquent la carrure.*
- *Les cols roulés.*
- *Les cheveux orange.*

ON PRÉFÈRE

- *Les hauts fluides qui arrondissent les épaules.*
- *Les escarpins féminins.*
- *Le maquillage naturel.*

Un aussi beau visage peut supporter une coupe très courte qui allège les volumes et apporte un côté frais et sexy.

Exit la coiffure-casque masculine qui enferme et alourdit le visage.

La couleur cuivrée, ça jaunit le teint et c'est ringard. Osons autre chose ! Un blond très clair illuminera le teint et fera ressortir les yeux.

Sous le bleu... le blond !

MAQUILLAGE

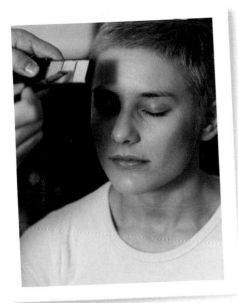

Le maquillage des yeux est léger. On insiste juste sur le mascara qui approfondit le regard d'Audrey.

Une blonde platine ne supporte qu'un maquillage très naturel. Sinon, gare à la vulgarité.

On applique un rouge à lèvres rouge irisé en tapotant avec le doigt et en accentuant au milieu des lèvres.

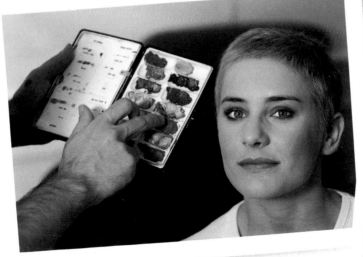

On met l'accent sur les lèvres pour un effet « bouche mordue ».

Les formes fluides arrondissent et adoucissent la silhouette.

La coupe et la couleur mettent en valeur le port de tête.

Mais où est passé le petit garçon d'antan ?

Décidément, il va falloir penser aux lentilles de contact !

« *Je ne m'étais jamais vue si lumineuse* »

AUDREY

Sur le coup, le choc a été énorme ! Notamment à cause du changement de couleur des cheveux. Je ne m'étais jamais vue si lumineuse… En sortant de chez Cristina, je n'ai pas résisté : je suis passée au boulot ! Ils ont très agréablement surpris ! Quant à mon mari, il a adoré. Mon beau-père m'a dit que j'étais belle comme un mannequin ! J'ai mis à peine deux ou trois jours à m'habituer à mon nouveau visage. Je suis vraiment contente. Dans le même élan, j'ai déménagé. Changer de look et de maison, c'est un vrai tournant dans la vie !

Une star est née …

CAROLE

Je veux être enceinte, belle et élégante…

‹‹ C'est mon mari qui m'a incitée à me faire relooker. Pour lui, une femme enceinte peut être séduisante et sexy ! Moi je suis timide et j'ai toujours peur de faire vulgaire. Pourtant je me sens mieux en jupe qu'en pantalon. Et puis, j'ai une coiffure assez stricte mais je ne parviens pas à en changer. En fait, je voudrais enfin oser ce que je n'ai jamais osé ! Un regard extérieur et des conseils sont donc les bienvenus, surtout s'ils émanent d'une femme. **››**

Carole en bref	*Ses atouts*
• *30 ans*	• *Une personnalité épanouie*
• *1 m 66*	• *Une jolie peau*
• *Chef de projet en risques sanitaires*	*Sa morphologie*
• *mariée*	• *enceinte*

« Je voudrais enfin oser ce que je n'ai jamais osé ! … »

« Il faut montrer ton joli ventre ! »

CRISTINA

Depuis qu'elle attend son bébé, Carole se laisse un peu aller ! Première chose, elle a de très belles jambes, et il faut qu'elle les montre. Elle peut se permettre de petits talons qui lui apporteront de la légèreté et de la prestance, sans la gêner. Et puis, il faut qu'elle marque son ventre pour bien montrer qu'elle est enceinte et non « trop enrobée » !

Le diagnostic

La peau est mal hydratée et le teint nécessiterait un petit coup d'éclat.

Mais où est passé le cou de Carole ?

On peut avoir chaud sans collectionner les épaisseurs peu flatteuses.

Quand on a de belles jambes, on les montre !

On veut voir ce ventre, quitte à l'emballer dans un joli bandeau.

ON ÉVITE

- *Les pulls XXL qui laissent croire qu'on cache un ventre de mangeuse de choucroute, alors qu'on couve un bébé !*
- *Les boots qui coupent la cheville.*
- *Le laisser-aller.*

ON PRÉFÈRE

- *Mouler son ventre dans un large bandeau pour montrer que l'enfant va bientôt paraître !*
- *Bien hydrater la peau du visage et du corps, qui en ont encore plus besoin que d'habitude.*
- *Après la douche, masser son ventre encore mouillé d'huile d'amande douce pour éviter les vergetures.*

On sculpte les côtés pour dégager les tempes et équilibrer les volumes du visage.

La chevelure tombe de manière trop lourde sur les côtés du visage, écrase la silhouette et donne un air négligé et fatigué.

Un blond plus clair va apporter de la lumière.

Les cheveux lissés tombent gracieusement et ne se cassent plus sur les épaules.

MAQUILLAGE

Pour dynamiser le bleu de l'œil, on choisit des fards à base d'orange (orangé, mordoré, cuivré…) qui sont travaillés en halo.

Le visage est enduit d'une crème très hydratante qui va permettre une bonne tenue du maquillage.

Un crayon contour clair redessine finement la bouche pulpeuse de Carole.

Il a suffi de peu de choses pour donner un coup d'éclat à la très jolie peau de Carole.

Le noir met en valeur la luminosité du visage et des cheveux blonds.

« Allô chéri, je viens de me rendre compte que les décolletés étaient faits pour moi ! »

Le ventre est le plus bel accessoire d'une femme enceinte. Il faut le montrer !

Même si la fleur blanche est obligatoire pour égayer cette tenue, la fleur que préfère Yves, c'est Carole !

« On me regarde dans la rue ! »

CAROLE

Yves, mon mari est aussi heureux que moi de cette expérience. Tout le monde me trouve très belle. Ça fait du bien ! C'est fou de s'apercevoir que l'on peut être mise en valeur à ce point. Franchement, je n'imaginais pas que je puisse ressembler à cela. Quand je suis sortie dans la rue, les gens me regardaient ! Ça fait drôle mais ce n'est pas désagréable ! Je suis allée faire les boutiques avec Yves. On a choisi des vêtements pour après l'accouchement. J'ai acheté des jupes, des petits ensembles et … des chaussures à talons !

Belle en attendant bébé !

CHARLOTTE

Aidez-moi
à être moins timide!
Moins petite fille !

Charlotte en bref	Ses atouts
• 22 ans	• Une belle minceur
• 1 m 67	• De jolis yeux
• Étudiante en agronomie	• Beaucoup de fraîcheur
• Célibataire	**Sa morphologie**
	• H

« Je suis bosseuse, timide et je ressemble à une petite fille. Je sais que je suis mince, mais je ne me trouve pas très jolie. Je ne me maquille pas, j'ai une coupe de cheveux banale et je m'habille « passe-partout ». J'aimerais être élégante, féminine, sexy, mais juste ce qu'il faut. Il faut vraiment que l'on me guide, car j'ai l'impression que je n'y arriverai jamais… »

« Ma chérie, il faut tout reprendre à zéro ! »

« J'aimerais être élégante, féminine, voire sexy… »

CRISTINA

Les couleurs qu'elle porte l'éteignent complètement. C'est une blonde aux yeux bleus. Elle devrait oser le rouge, l'orange, le bleu… Elle peut se permettre le noir, mais avec des contrastes, des motifs. Quand on est mince comme ça, on peut facilement mettre son corps en valeur. Là, elle cache tout, ça fait spaghetti ! Quant aux lunettes, elles sont trop anguleuses. Je préférerais des formes aux angles plus arrondis et des montures foncées, en écaille par exemple…

Le diagnostic

Les rayures tassent la poitrine.

La superposition manque d'élégance.

La tunique trop longue accentue la minceur et cache les formes.

Le jean est trop négligé.

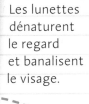

Les lunettes dénaturent le regard et banalisent le visage.

Tristouille, le mélange de gris et de noir !

ON ÉVITE

- *Les superpositions négligées.*
- *Les hauts « tubes » qui donnent l'air d'une asperge !*
- *Les baskets qui écrasent la silhouette.*

ON PRÉFÈRE

- *Les formes slim qui épousent les jambes fines.*
- *Les décolletés arrondis.*
- *Les vestes évasées, style « paletot », idéales quand on n'a pas de taille.*

On raccourcit les cheveux aux épaules pour alléger le bas du visage.

Une frange-mèche courte dégage le visage.

Les racines sont éclaircies pour plus de lumière. On décolore aussi un peu les sourcils.

On sculpte les côtés pour ouvrir et dynamiser le visage.

MAQUILLAGE

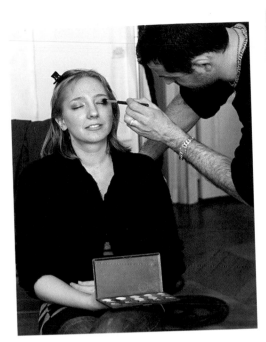

On applique un fard à paupières transparent orangé qui va servir de base pour intensifier les autres couleurs.

On utilise un mascara allongeant afin de donner de la profondeur au regard.

On applique un illuminateur de teint sur le front, le menton et le contour des yeux.

Un gloss pêche satiné pour une bouche féminine et naturelle.

La veste arrondit doucement les épaules

Non mais tu t'es vue Charlotte, avant !...

Le mini sac apporte une touche fashion.

Des jambes comme ça, on les met en valeur avec un slim et des talons.

« Je sais maintenant que je peux être féminine »

CHARLOTTE

Je ne pensais pas que je m'habituerais aussi vite à mon nouveau look. Mais dès le lendemain, c'était fait ! En plus, tout le monde m'a trouvée très belle. Ce qui aide à assumer… Du coup, je suis allée me faire faire de nouvelles lunettes et je mets davantage mes lentilles de contact. Je me suis aussi acheté un jean slim et je me maquille quand je sors. J'essaie même de m'habituer aux petits talons.
J'ai vraiment pris conscience que je pouvais être féminine. Et c'est drôlement agréable !

Mais où est passée la timidité de Charlotte ?

ÉLÉNA

Je fais plus vieille que mon âge.

« Côté professionnel, je travaille dans une petite ambassade où je vois peu de monde. Ce qui ne m'incite pas à faire attention à mon look. Côté privé, j'ai deux enfants en bas âge, ce qui me laisse peu de temps pour m'occuper de moi. Du coup, je néglige un peu mon mari qui me voudrait plus séduisante. J'ai aussi envie de changer de travail, mais je sais que mon image posera problème. Plus soignée, plus élégante, je sais que je serai plus attaquante. »

Éléna en bref

- 36 ans
- 1 m 60
- Assistante d'ambassade
- Mariée, 2 enfants

Ses atouts

- Une jolie poitrine
- Une personnalité gaie et dynamique

Sa morphologie

- A

« Éléna s'habille trop « mémère » ! »

« Mes enfants me laissent peu de temps pour m'occuper de moi… »

CRISTINA

Éléna fait beaucoup plus vieille qu'elle ne l'est. La forme de sa jupe ne lui va pas mal, mais elle est trop longue, et le tissu façon tweed, ce n'est pas possible. Quant aux collants couleur chair, c'est un véritable assassinat ! À proscrire définitivement de sa garde-robe — de toutes les garde-robes en général ! Même chose pour les lunettes, qui ne lui vont pas du tout. Elle semble avoir une jolie poitrine. Encore faudrait-il qu'elle la mette en valeur. Il faut faire pigeonner tout ça !

Le diagnostic

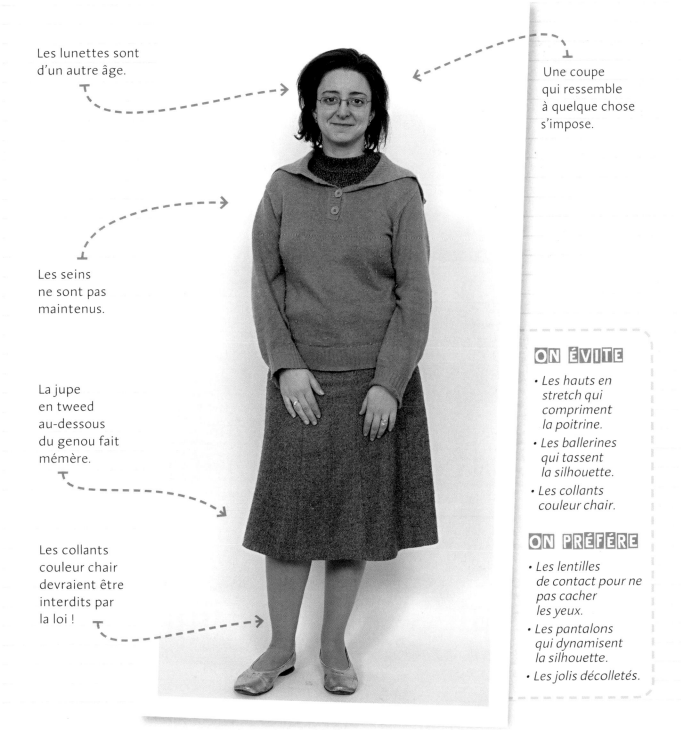

Les lunettes sont
d'un autre âge.

Une coupe
qui ressemble
à quelque chose
s'impose.

Les seins
ne sont pas
maintenus.

La jupe
en tweed
au-dessous
du genou fait
mémère.

Les collants
couleur chair
devraient être
interdits par
la loi !

ON ÉVITE

- *Les hauts en
  stretch qui
  compriment
  la poitrine.*
- *Les ballerines
  qui tassent
  la silhouette.*
- *Les collants
  couleur chair.*

ON PRÉFÈRE

- *Les lentilles
  de contact pour ne
  pas cacher
  les yeux.*
- *Les pantalons
  qui dynamisent
  la silhouette.*
- *Les jolis décolletés.*

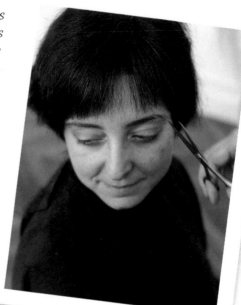

Quelques mèches sur le front vont mettre en valeur le regard et les yeux d'Éléna.

On dégage le port de tête pour affiner le visage. Les boucles naturelles permettent de sculpter la chevelure.

Une petite couleur va redonner de la brillance aux cheveux ternes d'Éléna.

Fini les brushings années 50 ! Place au séchage naturel. Qui aurait cru qu'Éléna avait d'aussi beaux cheveux ?

MAQUILLAGE

Un fond de teint un brin rosé recouvert d'un nuage de poudre satiné réveille la carnation d'Éléna.

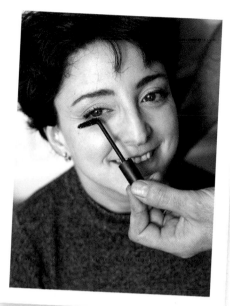

On choisit pour les yeux un fard beige satiné qui apporte de la lumière sans trop colorer la paupière. Le mascara est étiré vers la tempe pour un effet « œil de biche ».

Ourlées d'un trait de crayon beige naturel, les lèvres sont recouvertes d'un gloss qui les repulpe.

On parfait le teint avec un blush rose-orangé très léger qui donne de la fraîcheur et du pétillant. Elle retrouve le sourire !

Pour une allure moderne et dynamique, un trench court intemporel personnalisé par une fleur.

Un bon soutien-gorge vous change une femme !

Le mélange de couleurs douces et vives rajeunit et donne une mine radieuse !

Le décolleté met en valeur la poitrine et le port de tête.

« J'ai repris
confiance
en moi... »

ÉLÉNA

Je suis venue sans idées préconçues, en faisant totalement confiance à Cristina. Eh bien je suis ravie ! Presque autant que mon mari ! J'ai envoyé des photos à ma famille qui vit en Italie. Tout le monde est content. La seule à avoir fait la moue, c'est l'aînée de mes filles qui a trois ans. Quand elle m'a vue, elle a dit : « Non, c'est pas ma maman ! » Mais au bout de quelques heures, elle avait changé d'avis et me trouvait très belle ! Tout cela m'a redonné confiance en moi. J'ai changé ma façon de m'habiller et le matin, je me lève cinq minutes plus tôt pour me maquiller !

Bye, bye le gris, Éléna sourit !

ÉLISA

Je veux être sexy quand je quitte mon jogging !

Élisa en bref

- 28 ans
- 1 m 71
- Sportive de haut niveau (badmington)
- En couple

Ses atouts

- Des jambes de gazelle
- Une silhouette parfaite

Sa morphologie

- V

« Je suis sportive de haut niveau. Je passe mes journées en jogging et en baskets. Le week-end et pendant les vacances j'essaie de porter des robes, mais ce n'est jamais très extraordinaire ! C'est difficile d'être à la fois sportive et féminine. J'évolue dans un tout petit milieu, où tout le monde s'habille sport. Si vous venez un jour avec une tenue trop extravagante, on vous remarque tout de suite. Alors on se cantonne aux jeans et aux tee-shirts. Difficile de trouver un look sympa et pas trop voyant… »

« C'est difficile d'être à la fois sportive et féminine… »

« Il faut féminiser ces belles épaules ! »

CRISTINA

Élisa a un beau corps musclé de sportive. Elle peut porter beaucoup de choses. Il faut juste qu'elle fasse attention aux formes qui soulignent trop sa carrure. C'est joli une carrure de sportive, mais ça peut faire masculin. Elle doit privilégier les formes qui arrondissent et adoucissent les épaules. De façon générale, elle a intérêt à montrer son corps qui est magnifique. Et puis, talons obligatoires pour sortir. Les ballerines et les chaussures basses sont une alternative aux baskets. Il faut passer à l'étape supérieure !

Le diagnostic

Les sourcils mal dessinés durcissent le regard.

Les rayures horizontales élargissent la carrure.

Le pull long cache les formes et ne met pas ses formes en valeur.

Les chaussures plates manquent d'élégance.

ON ÉVITE

- *Les vestes épaulées.*
- *Les fines bretelles.*
- *Les couleurs ternes qui rendent le teint olivâtre.*

ON PRÉFÈRE

- *Les talons qui donnent une autre démarche.*
- *Les jupes ou les robes parce que quand on a des jambes pareilles, on les montre !*
- *Des couleurs franches près du visage.*
- *Les bretelles larges qui s'harmonisent avec la carrure.*

On coupe aux épaules pour gommer un peu la carrure et on casse le côté un peu trop « long » du visage.

On dégage le joli port de tête qui est masqué par les cheveux.

La couleur cuivrée éteint le visage. Un brun chocolaté lui redonne toute sa fraîcheur et sa luminosité.

Une mèche sur le front donne de l'élégance.

MAQUILLAGE

Maquillage charbonneux pour les yeux. On commence par cette étape pour éviter que le fard sombre coule sur le fond de teint.

On ôte les poussières de fards à yeux et on applique une crème hydratante.

On applique un fard clair vers l'intérieur de la paupière et un brun taupe en ras de cils.

Une touche de mascara sublime le regard.

*Prête pour la métamorphose,
Élisa ?*

*La fluidité des matières
redonne toute sa féminité à la silhouette.*

*La couleur
a réveillé
la beauté
d'Élisa.*

*Élisa semble hypnotisée par son
propre regard !*

« Plus je me regarde plus je me plais ! »

ÉLISA

Au début, c'était un peu angoissant. Je ne m'attendais pas à avoir les cheveux courts. Mais plus je me regarde, et plus je me plais. D'autant que le regard de mon mari et de mes proches est très convaincant. Quand j'ai débarqué dans le gymnase où je m'entraîne, personne ne m'a reconnue. Ils croyaient que j'étais une nouvelle ! Ce relooking m'a donné envie de m'occuper de moi et d'oser. Pour mon anniversaire, mes copines m'ont offert une veste en cuir blanche cintrée. Je n'aurais jamais osé porter ce style de vêtement avant…

Sous la sportive, cherchez la femme !

ÉLISABETH

Je suis trop jeune pour faire « mémé » !…

Élisabeth en bref	Ses atouts
• 50 ans	• Toujours souriante
• 1 m 65	• Pleine d'humour
• Mère et grand-mère au foyer	• De belles jambes
• Mariée, 3 enfants	**Sa morphologie**
	• V

« Ma fille, mes amis, mes proches n'arrêtent de me répéter que mon look « mémé » ne me correspond pas. Je suis fofolle, loufoque, excentrique… J'adore les couleurs… mais… j'ai été élevée chez les bonnes sœurs et je ne m'en suis pas remise ! J'étais virée régulièrement parce que je n'arrivais pas à me couler dans le moule, mais je suis restée traumatisée par l'uniforme ! Impossible de m'en défaire… Je veux qu'on m'aide… Je suis prête à tout sauf aux cheveux violets ! »

« Prête à ne plus te reconnaître, Élisabeth ? »

« Je suis prête à tout sauf aux cheveux violets ! »

CRISTINA

Élisabeth a le total look « mémé » ! À 50 ans, ce n'est pas possible… Elle a de jolies jambes et elle les cache avec des jupes à la longueur invraisemblable !… Elle est super drôle, il faut que cela apparaisse dans sa façon de s'habiller. Il faut mélanger des beaux classiques et de la fantaisie… Par exemple un jean, une veste et un top fantaisie. Et elle doit jouer sur les décolletés et les bijoux sympas. En tout cas, j'espère qu'elle est préparée psychologiquement parce que ça va être un vrai relooking !… Elle va pouvoir donner son ancienne garde-robe à la Croix-Rouge !

Le diagnostic

Les rayures
et les
broderies…
ça fait mémé.

Le total look
« perles,
boucles d'oreille
et collier »…
ça fait mémé.

Le cardigan…
ça fait mémé.

La jupe trop
longue…
ça fait mémé.

Les collants
fins … ça fait
mémé.

ON ÉVITE

- *Les tops amples
et informes.*
- *Les jupes amples.*
- *Tous les codes
« mémé » en total
look qui sentent
la naphtaline.*

ON PRÉFÈRE

- *Les chemises
et les vestes un
peu cintrées.*
- *Les jupes droites et
juste au-dessus du
genou.*
- *Les jeans « taille
basse ».*

On dégage le port de tête et les pommettes en sculptant de petites mèches en bordure des tempes. Attention ! Des mèches trop épaisses feraient ressortir le nez.

On couvre le front en transparence pour mettre en valeur les yeux sans alourdir le bas du visage.

La couleur chocolat (cheveux et sourcils) redonne du caractère et du dynamisme au visage.

On travaille le cheveu en jouant sur sa souplesse retrouvée.

MAQUILLAGE

Pour ne pas marquer les rides, on utilise un fond de teint très fluide, un peu rosé qui rafraîchit la carnation.

Un halo de fards orangés ourlé d'un trait de prune en ras de cils fait ressortir le bleu des yeux. On préfère des fards mats et poudrés pour ne pas marquer les ridules.

Les lèvres ont été redessinées et recouvertes d'un gloss rose-marron.

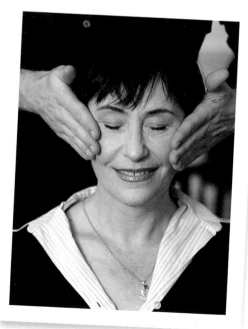

Un blush orangé relève les pommettes et dynamise le regard.

*« Je » est
une autre !*

*Je me
ressemble
enfin !*

Mais oui, tu as de belles fesses Élisabeth !

*La broche donne
une touche de fantaisie à la veste.*

*« C'est violent
quand même ! »*

ÉLISABETH

Je n'avais jamais
remarqué que j'avais
des fesses pareilles !
C'est violent quand
même ! Je me
regardais et je voyais
quelqu'un d'autre.
C'est formidable le
relooking… Ça ouvre
les yeux. Mon mari
m'a dit : « Je crois
que je ne t'ai jamais
vue aussi belle ! »
Mes enfants et mes
amis étaient épatés.
Ils trouvent que j'ai
rajeuni de dix ans.
Mon plus jeune
fils, qui a 9 ans, a
l'impression que mon
visage a rapetissé !
En rentrant chez
moi, j'ai vidé mes
placards. Je mets
des jeans moulants
et… j'ai rangé
mes perles !

On peut être mamie sans faire mémé !

Évelyne, Fabienne, Franciane, Habiba, Hélène, Isabelle, Jessica, Leïa, Lorena, Marie...

... elles ont appris comment montrer le meilleur d'elles-mêmes !

ÉVELYNE

Je suis trop effacée… J'aimerais qu'on me voit davantage.

Évelyne en bref	*Ses atouts*
• *44 ans*	• *Un joli cou*
• *1 m 65*	• *De très belles jambes*
• *Secrétaire*	*Sa morphologie*
• *Divorcée, 2 filles (20 et 16 ans)*	• *8 tendant vers le A*

« Maintenant que mes deux filles sont grandes, j'ai beaucoup plus de temps pour m'occuper de moi. Mais je ne sais pas. Je suis effacée ; j'aimerais avoir plus confiance en moi, être plus sexy, plus originale. J'ai l'impression de passer totalement inaperçue. Et puis, cela fait plusieurs mois que je suis seule, et je voudrais tellement attirer le regard des hommes ! **»**

« J'ai l'impression de passer totalement inaperçue… »

« Ce décolleté te mémérise, Évelyne… »

CRISTINA

Évelyne a un très joli cou et des jambes à tomber par terre. Le vert qu'elle porte est beaucoup trop fade ; elle a besoin de couleurs plus soutenues. Et puis elle a les bras trop longs pour porter des débardeurs. Il lui faut des manches 3/4. Quant au décolleté, il ne ressemble à rien et la « mémérise » ! Elle devrait porter des vestes courtes et cintrées et des jupes au-dessus du genou. Et attention à l'ourlet du jean ! Je ne le dirai jamais assez : rentré, il est ringard, avec couture apparente, il est moderne !

Le diagnostic

Une petite touche de fond de teint le matin est indispensable pour masquer les rougeurs et avoir bonne mine.

L'encolure, vieillotte, banalise la tenue.

Le vert, trop pâle, affadit le teint.

Le jean trop court, c'est dépassé !

L'ourlet rentré sur un jean est formellement interdit ! il faut un ourlet jean.

ON ÉVITE

- *Les débardeurs informes.*
- *Les jupes trop longues qui marquent les hanches.*
- *Les talons plats.*

ON PRÉFÈRE

- *Les jolis décolletés.*
- *Les jupes qui dévoilent les jambes.*
- *Les petites vestes cintrées.*

On enlève de la longueur pour dégager le cou et le port de tête.

On sculpte légèrement pour redonner de la matière et du mouvement.

La frange est retravaillée pour apporter de la lumière et souligner les yeux.

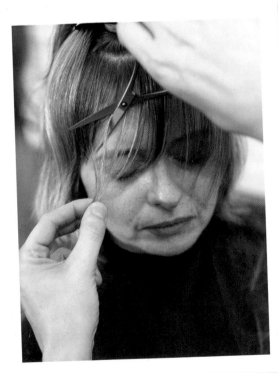

On lisse les mèches vers l'intérieur pour un beau fini.

MAQUILLAGE

On cache les petites rougeurs et on unifie le teint. On travaille uniquement avec de l'anti-cernes pour ne pas surcharger le teint. On termine par un nuage de poudre.

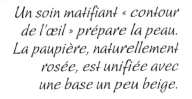

Un soin matifiant « contour de l'œil » prépare la peau. La paupière, naturellement rosée, est unifiée avec une base un peu beige.

Pour ne pas marquer les ridules, on utilise un fard crème. On opte pour un marron glacé sensuel sur les paupières et sous l'œil en ras de cil. Effet « œil de velours » garanti !

Un blush bois-de-rose et un rouge à lèvres dans les mêmes tons illuminent le visage.

La chemise blanche, intemporelle, est ouverte sur un décolleté plongeant sensuel.

Un long sautoir noir habille le décolleté...

Le visage a retrouvé de la structure et du caractère.

Le mélange de vinyle verni et de coton apporte de la modernité et met en valeur la silhouette.

« *Ça a été un déclic pour changer ma façon de m'habiller.* »

ÉVELYNE

J'ai eu du mal… Je faisais trop « années 70 ». Par contre, mes proches et mes collègues ont beaucoup aimé. De toutes façons, cette expérience a été le déclic pour changer ma façon de m'habiller et pour prendre mieux soin de moi. Je fais très attention de ne pas retomber dans mes travers. J'ai acheté des bottines à talons et un long manteau noir très original. Je porte des jupes plus courtes et … Ah oui, je me suis racheté un jean et … j'ai fait faire l'ourlet « façon jean » !

Évelyne ne passera plus inaperçue.

FABIENNE

J'aimerais savoir m'habiller... au moins pour sortir.

Fabienne en bref	Ses atouts
• 31 ans	• Un corps mince et élancé
• 1 m 80	• Un profil de déesse
• Comptable	**Sa morphologie**
• En couple	• X

« Tous les matins, c'est la même galère. Je ne sais pas comment m'habiller. J'aimerais être plus fashion, tout en restant décontractée. J'achète des vêtements qui me plaisent, mais sans jamais penser « tenue complète ». Résultat, je mets toujours un pantalon et un pull. De toute façon je ne m'aime pas trop ; et je déteste mes jambes et mes épaules. **»**

« Je déteste mes jambes et mes épaules... »

« Il faut accepter ta minceur Fabienne »

CRISTINA

Fabienne est grande, élancée, le type même de la femme qui peut se permettre n'importe quelle tenue. Mais elle est bourrée de complexes. Première chose : montrer ses jolies jambes ! La première fois que je l'ai vue, elle portait un col roulé qui lui arrondissait le visage. Avec sa morphologie, c'est décolleté obligatoire ! Elle peut même oser le plongeant car elle a une poitrine menue. Côté chaussures, il lui faut du plat, elle est assez grande comme ça ! Mais pas de bouts pointus, qui allongent trop le pied.

Le diagnostic

Les problèmes
d'acné doivent
être soignés.
Plus la peau
est foncée,
plus les marques
sont visibles
et durables.

Le pull trop
lâche
à la taille et
aux manches
donne une
allure négligée.

Le pantalon
tout mou
cache les jolies
jambes.

Les
chaussures
sont
beaucoup
trop
masculines.

Dommage
de ne rien faire
d'une chevelure
pareille !

ON ÉVITE

- *Les couleurs chaudes.*
- *Les cols roulés qui gâchent le port de tête.*
- *Les chaussures à bouts pointus qui allongent le pied.*

ON PRÉFÈRE

- *Les décolletés qui féminisent.*
- *Le bleu dur au marine qui illumine la peau de Fabienne.*
- *Les jupes courtes qui dévoilent ses jambes.*

On fonce la couleur pour réveiller le teint.

On sèche en lissant cette coupe graphique qui révèle l'élégance et la douceur de Fabienne.

La frange met le regard en valeur et renforce le caractère de la coupe.

Le carré court révèle la nuque et le bas du visage.

MAQUILLAGE

On masque les imperfections de la peau avec un fond de teint poudre assez couvrant, appliqué au pinceau pour un effet plus naturel.

La structure des pommettes est accentuée par un jeu de blushs clairs et foncés.

Les peaux noires supportent les couleurs. Un brun mordoré est appliqué sur la paupière mobile. On joue ensuite sur un dégradé de bleu marine (à l'intérieur) et de noir (à l'extérieur). On souligne l'œil d'un trait de crayon gris anthracite au ras des cils supérieurs.

Le crayon contour taupe est dégradé jusqu'à l'intérieur des lèvres que l'on couvre ensuite d'un gloss « marron prune ».

Bleue ou grise, la robe ? Cruel dilemme pour Fabienne !

Bonne pioche ! Le bleu sur sa peau est divin !

La coupe a rééquilibré son profil de statue antique.

Comment peut-on cacher d'aussi jolis bras et d'aussi belles jambes ?

« J'en suis
encore
impressionnée ! »

FABIENNE

Transformation totale et réussie ! J'en suis encore impressionnée ! Quant à mon compagnon, il était aux anges. Il a toujours trouvé que je ne prenais pas assez soin de moi. Et moi, je ne me vois plus de la même façon. Je mets des couleurs et des robes. Avec des manches et des bottes, car je ne me suis pas totalement réconciliée avec mes bras et mes jambes, mais c'est déjà un grand pas en avant ! Et puis, je suis allée chez le dermatologue. J'ai suivi un traitement et je n'ai plus de boutons !

Une femme ou une œuvre d'art ?

FRANCIANE

J'aimerais refléter mon envie de vivre !

« Quelles que soient les circonstances, je m'habille toujours comme si j'allais travailler ! Pourtant je ne me résume pas à ma profession. Mais je n'ose pas sortir du style classique. Il faut dire qu'il y a sept ans, j'ai eu un cancer et on m'a ôté un sein. Peu de temps après mon opération, j'ai divorcé. Aujourd'hui… j'ai retrouvé la légèreté et la fantaisie de mes quinze ans et j'ai encore plus envie de vivre qu'avant. J'aimerais que mon image reflète tout cela. »

Franciane en bref

- 48 ans
- 1 m 62
- Juriste
- Divorcée, 2 filles (17 et 13 ans)

Ses atouts

- De longues jambes
- Une joie de vivre à toute épreuve

Sa morphologie

- V

« Je m'habille toujours comme si j'allais travailler… »

« Du classique oui, mais un peu, Franciane. »

CRISTINA

Franciane a un très beau corps, mais elle s'habille beaucoup trop classique. Le classique, c'est bien, mais pas en « total look », sinon ça fait « mémère ». Il faut qu'une pièce de la tenue soit décalée ; un jean peut rendre moderne une veste et un chemisier un peu stricts, par exemple. Le cou de Franciane n'est pas très long. Elle doit donc éviter les cols roulés qui l'engoncent. Et puis, il faut qu'elle change ses lunettes qui durcissent ses traits et lui donnent un air guindé. L'idéal serait les lentilles de contact.

Le diagnostic

Le rouge à lèvres orangé durcit les traits et plombe le teint.

Les lunettes sévères dénaturent le visage.

Le col roulé fait ressortir le double menton.

Le volant « petite fille » n'est vraiment pas sexy !

Les bottes courtes rapetissent les jambes, pourtant longues.

ON ÉVITE

- *Les bottes informes.*
- *Les lunettes carrées qui durcissent.*
- *Les collants fins, pas très fashion !*

ON PRÉFÈRE

- *Les jeans qui rajeunissent.*
- *Les escarpins sexy.*
- *Les jolis décolletés qui dégagent le port de tête.*

COIFFURE

On coupe ces cheveux trop envahissants
pour qu'ils retrouvent du mouvement
et leurs jolies boucles.

De petites mèches sur le front gomment
l'aspect trop long du visage. On ouvre
en sculptant de petites mèches légères
qui encadrent sans manger.

Le visage de Franciane
est devenu frais, dynamique
et laisse enfin transparaître
de superbes expressions.

La couleur
cuivrée donne l'impression
d'un cheveu abîmé, brûlé. On la
remplace par un joli brun brillant.

MAQUILLAGE

Un fond de teint crémeux et assez couvrant unifie en cachant les imperfections.
Une touche de poudre de soleil un peu foncée posée sous le menton atténue le double menton.

Les peaux métisses et noires sont des voleuses de lumière ! On en rajoute en mêlant des fards à paupières irisés et mats. Un trait de crayon violine, posé au ras des cils, souligne le regard.

On redessine les lèvres avec un crayon contour.

On choisit un rouge à lèvres dans des tons prune. Il faut éviter la gamme des orangés qui se marie mal avec les peaux métisses et noires.

LOOK

Sexy en diable, les escarpins à talons rouges affinent le pied !

Le brun des cheveux met en valeur les yeux.

Les couleurs dynamisent le teint et la silhouette.

Le joli décolleté dégage le port de tête.

« Je me suis découvert des atouts que je ne connaissais pas. »

FRANCIANE

J'ai beaucoup aimé ce moment très chaleureux. J'avais besoin de ce type d'expérience pour m'aider à retrouver ma confiance, ma féminité et à me réapproprier mon image. Je me suis découvert des atouts physiques que je ne me connaissais pas. Ce changement extérieur a aussi changé des choses à l'intérieur. Je me rends compte qu'assumer son image extérieure aide à assumer son parcours de vie. Mes proches me trouvent plus gaie. Et mes filles, qui s'habillent «vintage» s'amusent de me voir porter des vêtements modernes !

Franciane, rayonnante... et sexy !

HABIBA

Je suis en plein chamboulement…

« J'étais sportive de haut niveau et j'ai arrêté le sport… J'étais mariée et j'ai divorcé… Je suis salariée et je veux me mettre à mon compte ! Le moment me semble donc idéal pour changer de look ! Je projette d'ouvrir un spa-hammam. Je serai donc en contact avec la clientèle. Ça va beaucoup me changer. Quand on travaille dans un bureau, on ne fait aucun effort ! Ça se gâte le week-end, quand on sort. On ne sait plus s'habiller, se coiffer, se maquiller… Il faut que je me reprenne en main. J'ai besoin que l'on pose sur moi un regard critique. »

Habiba en bref	Ses atouts
• 40 ans	• Un beau visage fin
• 1 m 68	• Du caractère
• Assistante commerciale à Canal+	• De jolies rondeurs
• Divorcée, un enfant	**Sa morphologie** • H tendance V

« Il faut apporter de la souplesse et de l'élégance »

« J'ai besoin que l'on pose sur moi un regard critique »

CRISTINA

Il faut que Habiba assume sa féminité. Une féminité de caractère, pas « froufrous » ! Elle est souriante, mais se tient mal. Il faut qu'elle prenne confiance en elle et qu'elle se serve de ses nombreux atouts. Sa taille n'est pas marquée et elle a une bonne carrure. Il faut adoucir tout ça. Pour elle, formes droites. Elle peut se permettre des étoffes fluides qui donnent du mouvement à l'allure.

Le diagnostic

La masse « col roulé cheveux » alourdit le visage, pourtant fin.

Les cheveux sans forme, attachés avec une pince de coiffeur, font négligé.

Le twin-set « pull-cardigan » fait vraiment mémé !

Le col roulé fait ressortir les épaules carrées.

Le mélangé de marron et de noir est triste et plombe le teint.

ON ÉVITE

- *De marquer la taille avec une grosse ceinture.*
- *Les tops larges, genre XL, qui grossissent le buste et masculinisent.*
- *Les jupes évasées et amples.*

ON PRÉFÈRE

- *Les pantalons taille basse, droits et un peu évasés en bas.*
- *Les collants opaques et mats.*
- *Les accessoires qui féminisent.*

On dégage le cou et les épaules pour alléger le port de tête.

La base carrée affine le bas du visage.

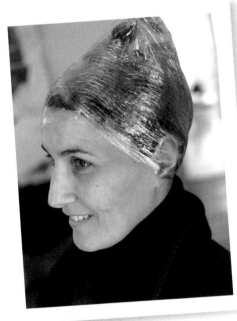

Dépouillés de leur longueurs superflue, les cheveux retrouvent leur ondulation naturelle.

Exit les mèches dorées cuivrées qui manquent de chic !

MAQUILLAGE

Quand on a une belle peau, on joue sur la transparence des matières pour sublimer sans trop couvrir.

La pommette bien dessinée est mise en valeur par le blush bois-de-rose.

Maquillage très léger pour les yeux afin de ne pas creuser davantage la paupière.

Pour repulper les lèvres fines, on étire le trait de crayon sur toute la largeur des lèvres et on recouvre d'un gloss de même couleur.

Beaucoup trop rouge Habiba !

*Ah oui, ce top-là
j'adore...*

*La coupe et la couleur révèlent
la beauté du visage.*

*Les boucles d'oreille apportent
une touche d'élégance.*

*« J'ai appris
plein de choses »*

HABIBA

*Ça nous a fait un
sacré choc, à moi et
à mon entourage.
Il faut dire que cela
faisait tellement
longtemps que
j'avais la même tête !
Il a fallu s'habituer
progressivement…
En tout cas, j'ai
adoré cette journée
de relooking !
C'est très agréable
d'avoir autour de
soi des gens qui
vous regardent et
s'occupent de vous.
J'ai appris plein de
choses. D'ailleurs
dès le lendemain, je
suis allée m'acheter
des collants opaques
et je porte mes
chemises ouvertes,
pour dégager le
cou ! Et puis, ah oui,
j'allais oublier… je me
maquille !*

Départ pour une nouvelle vie...

HÉLÈNE

Je fais plus que mon âge !

« Je viens de faire le grand saut. J'ai quitté ma Normandie pour Paris et je m'apprête à entrer sur le marché du travail ! Dans la tête, ça va, mais mon image ne suit pas. Je me trouve trop provinciale, trop classique. Ma coupe de cheveux me donne un côté vieillot, alors que je suis moderne et dynamique. Je ne suis pas une «fashion victim», mais j'aimerais tout de même que mon look reflète ma personnalité. Ethnique, classique, rigolo… j'aime tous les styles mais je suis incapable de savoir ce qui me va le mieux… **»**

Hélène en bref

- 25 ans
- 1 m 72
- Étudiante en master de théâtre
- Célibataire

Ses atouts

- Des yeux magnifiques
- Une taille bien marquée

Sa morphologie

- 8

« Réveille-toi ma chérie… »

« Je me trouve trop provinciale… »

CRISTINA

Quel dommage, la belle Hélène cache sa beauté ! Il faut la rajeunir et mettre en valeur ses rondeurs. Elle est délicieusement pulpeuse ; la taille doit être soulignée, mais pas les hanches. Elle peut se permettre un audacieux décolleté. Pour elle qui cherche son style, l'idéal c'est la robe cache-cœur, un intemporel qui doit être la base de son vestiaire. Elle doit aussi apprendre à jouer avec les couleurs pour dynamiser sa personnalité.

Le diagnostic

Le noir autour des yeux rapetisse les yeux et allonge le nez.

La coupe de cheveux banalise la beauté du visage.

La couleur du pull est trop froide pour son teint.

On peut garder ce pantalon, mais pour une balade d'automne dans les champs !

Les chaussures peuvent rejoindre le pantalon le temps de la balade !

ON ÉVITE
- Les hauts informes.
- Les coupes de cheveux qui recouvrent les tempes.
- Les tenues passe-partout.

ON PRÉFÈRE
- Les décolletés qui féminisent.
- Les talons qui donnent de l'allure à la démarche.
- Les couleurs chaudes.

Trop de volume sur les côtés élargit le visage et contrarie la finesse des traits. On dégage !

On travaille les mèches du front pour équilibrer les lignes et les volumes du visage.

On sèche aux diffuseurs pour respecter les boucles.

Fini les reflets acajou qui ternissent le teint. Place à un châtain chaud qui illumine !

MAQUILLAGE

Hélène a une jolie peau. On choisit un fond de teint fluide et clair.

On redessine les sourcils et on les brosse pour agrandir et illuminer le regard.

Les lèvres sont soulignées d'un trait de crayon bois-de-rose et repulpées avec un rouge à lèvres beige rosé nacré.

Un fard clair légèrement irisé est posé sur les paupières.

Rien de mieux qu'un joli décolleté pour mettre en valeur un beau visage…

Avant toute chose, petite étude du visage, de la silhouette et de la personnalité d'Hélène…

Le rouge vous va si bien…

La robe cache-cœur et le trench en peau dessinent harmonieusement la silhouette.

« Je suis en phase avec ma nouvelle vie »

HÉLÈNE

Je me sens vraiment super bien avec ma nouvelle tête et ma nouvelle silhouette ! Mon ami a été stupéfait ; il a trouvé que mon visage et mes yeux étaient mis en valeur. Même chose pour mes collègues et mes parents.
J'ai juste un petit problème avec les décolletés que je n'arrive pas à porter au boulot. Mais je me rattrape le week-end et quand je sors ! En revanche, je suis les conseils de Cristina ; je marque ma taille et porte des hauts plutôt courts. Et je me maquille un peu. Bref, tout va bien : je suis en phase avec ma nouvelle vie !

Attention Paris... me voilà !

ISABELLE

Je travaille dans la mode mais je ne sais pas m'habiller...

Isabelle en bref	Ses atouts
• 25 ans	• Une belle minceur
• 1 m 63	• De jolis yeux
• Visuel merchandiser	• Beaucoup de fraîcheur
• Célibataire	
	Sa morphologie
	• 8

« Je me sens tout le temps en décalage avec les autres femmes, et avec mon métier. Je réalise des vitrines pour des enseignes de la mode. Et je ne sais pas m'habiller ! Je ne trouve pas mon style ! Pour les autres, c'est facile d'avoir un regard critique. Mais pour moi... impossible ! »

« Je ne sais pas m'habiller »

« Pas difficile d'embellir une aussi jolie fille ! »

CRISTINA

Elle a un très beau visage, plein de caractère. Ses lunettes ne l'avantagent pas. Elles sont rectangulaires comme le visage. Et puis, elles ne donnent aucun style. Soit elle met des lentilles de contact, soit elle trouve des lunettes plus « voyantes ».
Il ne s'agit pas de faire d'Isabelle une « fashion victim », mais de lui donner du style, de la rendre plus gaie, de mettre ses atouts en valeur. Elle a un beau corps, de jolies jambes... elle peut tout se permettre.

Le diagnostic

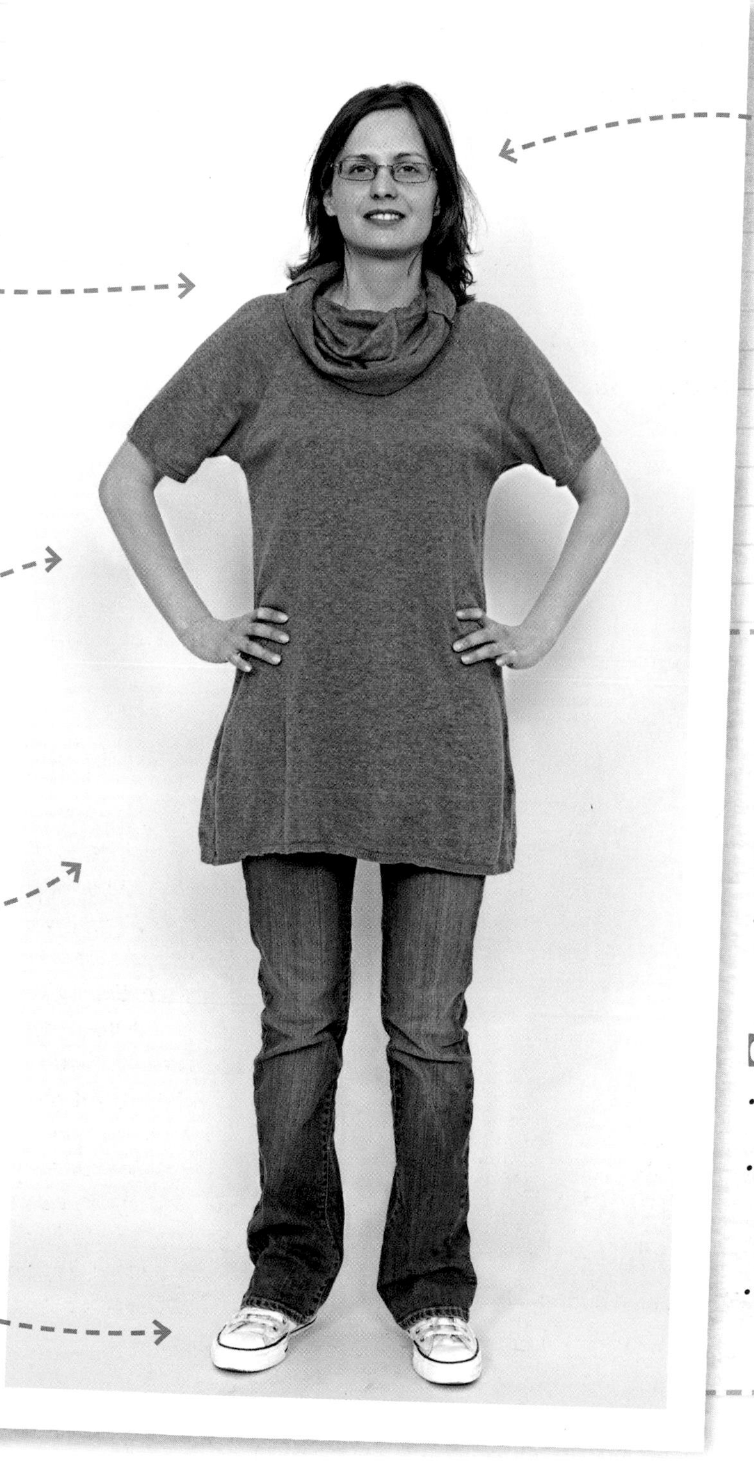

Le col qui pend
manque de chic.

Les lunettes
manquent
de style.

On ne voit pas
la taille fine.

Les couleurs
sont beaucoup
trop tristes.

ON ÉVITE

- *Les tenues
  « passe-
  partout » et
  impersonnelles.*
- *Les lunettes
  rectangulaires.*
- *Les tops et les
  pantalons trop
  larges.*

ON PRÉFÈRE

- *Mettre la taille
  en valeur.*
- *Les décolletés
  qui dégagent le
  cou et les jolies
  mâchoires.*
- *Les accessoires
  qui dynamisent
  une tenue.*

Les baskets
font
trop « ados ».

On garde de la longueur pour dégager la tête des épaules et allonger le cou.

On ouvre les côtés pour mettre en valeur et illuminer le visage.

Une frange très longue fait ressortir les yeux.

On sublime le côté vénitien de la couleur naturelle en « repigmentant » dans les mêmes tons.

MAQUILLAGE

Après avoir hydraté la peau parfaite d'Isabelle, on applique un fond de teint liquide au pinceau et un anti-cernes sous l'œil.

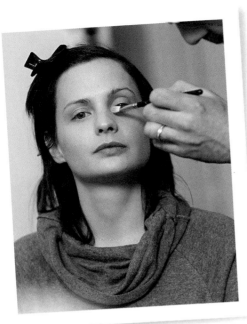

On pose une ombre à paupières beige nacré en crème puis, en ras de cils, un fard orange-cuivré que l'on dégrade. Sur le coin extérieur, un brun léger mat pour allonger le regard.

Sur les lèvres, un simple gloss hydratant coloré orange.

Après les avoir brossés, on applique sur les sourcils un fard chocolat-noisette.

LOOK

Pas mal, mais un peu fade !

Ah oui, là c'est moi !

*La coupe et le maquillage révèlent
le caractère du visage d'Isabelle.*

*Sexy, élégant et décontracté...
que demander de mieux !*

« Ça donne un coup de fouet ! »

ISABELLE

J'ai adoré le tout et particulièrement la coupe. D'autant que quand je me suis lavé les cheveux, ils se sont replacés naturellement sans problème. Ce qui est très important. Honnêtement je n'aurais jamais eu l'idée d'une coupe pareille… C'est ça l'intérêt d'avoir le regard de personnes extérieures. Ce qui est bien, c'est que tout va ensemble, la coiffure, le maquillage, les vêtements. Plus question de m'habiller comme un sac ! Ça donne un coup de fouet. Ce relooking est une véritable étape dans ma vie.

Bien dans son look, bien dans sa peau, bien dans sa tête !...

JESSICA

Être ronde et fashion, est-ce possible ?

Jessica en bref	Ses atouts
• 26 ans	• Des yeux de biche
• 1 m 56	• Une jolie poitrine
• Élève infirmière	• Une très belle couleur de peau
• Célibataire	*Sa morphologie*
	• O

« Je suis en plein bouleversement ! Je viens de rompre avec mon ami. Nous vivions ensemble depuis sept ans. Et puis j'ai entrepris des études d'infirmière — je suis actuellement aide-soignante. C'est le moment de reprendre ma vie en main, de changer de tête et de look ! Je me suis toujours habillée de la même façon, un jean, un pull et des baskets. Je me sens mal dans mes rondeurs ; alors je ne suis pas très motivée pour chercher un style. J'ai besoin d'un regard professionnel, objectif qui m'aiderait à m'assumer. »

« C'est le moment idéal pour reprendre ma vie en main… »

« Il suffit de mettre en valeur tes jolies rondeurs, Jessica ! »

CRISTINA

Jessica est joliment ronde. Elle a une petite poitrine qui permet les décolletés. Mais elle s'habille à l'envers ! Elle engonce son visage et masque sa poitrine avec un pull à col roulé. Les motifs du top attirent les regards vers le ventre. Il faut décolleter pour mettre en valeur le port de tête et le haut du corps. Le jean, ça passe, mais avec des talons. L'idéal pour elle, c'est une tenue monochrome sombre, rehaussée d'accessoires en couleurs.

Le diagnostic

La taille Empire épaissit le ventre. Le col roulé engonce le cou et la poitrine.

Les rayures horizontales grossissent.

Le jean est trop délavé. En bleu brut, il serait plus chic.

Talons indispensables pour élancer la silhouette.

Les petites manches boudinent les bras.

ON ÉVITE

- *Les formes moulantes ou trop larges.*
- *Les gros motifs qui grossissent.*
- *Les tailles Empire qui soulignent le ventre.*

ON PRÉFÈRE

- *Les tuniques droites.*
- *Les décolletés qui focalisent les regards sur la poitrine et le visage.*
- *Les pantalons fluides de couleur sombre.*

On raccourcit aux épaules pour éviter l'effet « petite tête » des cheveux longs plaqués qui partent en s'évasant.

Le côté « afro » arrondit la tête et rééquilibre la silhouette.

On encadre le visage pour faire ressortir le regard et les expressions.

Les sourcils trop broussailleux estompent le regard. On redessine en gardant l'épaisseur.

MAQUILLAGE

Sur la peau belle et fraîche de Jessica, on applique un minimum de matière : une crème hydratante irisée intensifie la fraîcheur du teint. Les petites imperfections sont recouvertes d'un voile d'anti-cernes.

Pour sublimer l'éclat naturel des yeux, on pose une ombre à paupières crème rosée très légère.

On ourle le dessus de l'œil d'un trait de fard prune avant de travailler le mascara allongeant qui souligne les yeux de biche.

Les pommettes bien dessinées sont rehaussées d'un blush rosé légèrement nacré. Un gloss bois-de-rose sublime la fraîcheur du visage de Jessica.

Que penses-tu de cette couleur, Jessica ?

La veste donne de l'allant à la silhouette !

Peu de maquillage mais LE BON maquillage !

Les couleurs qui bordent le col réchauffent le visage sans grossir le buste.

« *Pas facile de passer des cheveux longs aux cheveux courts* »

JESSICA

Dans la glace, j'ai découvert une autre personne ! Pas évident la coupe, quand on a toujours eu les cheveux très longs… Ma famille, mes amis, mes collègues ont adoré, ce qui m'a permis de m'habituer rapidement et d'apprécier ce nouveau look. J'essaie maintenant de ne mettre que des formes droites. Et de porter des ballerines à la place des baskets. Je n'en suis pas encore aux talons, mais c'est un début… Cette expérience m'a aidée à reprendre confiance en moi. Et ça, c'est vraiment important…

Qu'elles sont belles les rondeurs de Jessica !

LEÏA

Je veux être branchée, féminine, adulte, bien dans ma peau, quoi !

Leïa en bref	Ses atouts
• 24 ans	• Un joli visage
• 1 m 60	• Une jeune femme qui assume…
• Étudiante en graphisme	**Sa morphologie**
• En couple	• O

« Je suis étudiante en graphisme et je commence à travailler en alternance. En juin, il va falloir que je cherche un vrai boulot ! Dans mon milieu, l'image est très importante. Mais je n'arrive pas à me situer dans un style particulier. Je voudrais être originale, sans faire ado. Je crois que j'ai un peu tendance à me cacher dans mes vêtements… »

« Dans mon milieu, l'image est très importante… »

« Je vais d'abord t'expliquer ce qui ne va pas… »

CRISTINA

Leïa est très jolie et assume plutôt bien ses rondeurs. Elle va travailler dans un univers créatif. Elle essaie donc d'être originale, mais elle choisit des vêtements masculins. Il lui faut du fun mais en version féminine… Avec son tempérament, son âge et son futur métier, elle peut se permettre un style « glam' rock »…

Le diagnostic

Les manches courtes soulignent la rondeur des bras.

Le soutien-gorge n'est pas adapté.

Le tee-shirt moule trop le ventre.

Le revers sur le jean tasse et raccourcit les jambes.

ON ÉVITE

- Le « total look » noir qui ternit le visage.
- Les vestes trop larges.
- Les baskets de base, masculines et pas fun pour un sou !

ON PRÉFÈRE

- Les pantalons fluides, droits ou évasés.
- Les vestes qui structurent la taille et les épaules.
- Les décolletés carrés, arrondis ou « bateaux » qui subliment les poitrines généreuses sans vulgarité !

On garde la longueur qui élance la silhouette.

Le front est recouvert d'une frange
longue et épaisse qui va faire ressortir les yeux.

On ouvre
les côtés
du visage
en
sculptant
de petites
mèches.

La coupe dégage le port de tête
et donne de la légèreté à la silhouette.

MAQUILLAGE

On contrebalance les pigments jaunes de la peau avec une base rosée, puis on applique un fond de teint beige très léger.

On travaille la paupière en halo avec un brun satiné que l'on dégrade en orangé, pour un effet semi-charbonneux.

Pour des lèvres fruitées effet « mordu », on applique un gloss rose abricot en partant du centre de la lèvre et en le dégradant vers les rebords.

Après avoir creusé le contour du visage avec un voile de poudre brun, on applique sur la pommette un blush abricot.

LOOK

Le pantalon classique, légèrement évasé en bas, allonge les jambes et la silhouette.

Le rouge : une couleur idéale pour les peaux asiatiques.

La ceinture apporte une touche de fantaisie. Sur une ronde ça grossit, mais Leïa assume, donc ça lui va !

Le petit blouson donne une touche « glam' rock » en parfaite harmonie avec la personnalité de Leïa.

« *Je riais toute seule dans la rue !* »

LEÏA

C'était super. Quand je suis sortie, j'étais tellement heureuse que je riais toute seule dans la rue. Du coup les gens me regardaient et me souriaient. Mon copain a eu un choc ! Mais il a adoré. Ça faisait longtemps qu'il avait envie que j'aie une frange. Je me maquille les lèvres comme sur la photo et je suis allée m'acheter des tops qui me vont enfin ! Cette rencontre avec Cristina, c'était vraiment la chose dont j'avais besoin ! C'est important d'analyser l'image que l'on dégage et d'apprendre à la modifier…

Leïa, une fille qui a du chien !

LORENA
Je veux affronter les Français !

Lorena en bref	Ses atouts
• 41 ans	• De très beaux cheveux
• 1 m 58	• De jolies proportions
• Assistante de direction	• Des belles jambes
• Séparée, 1 enfant	*Sa morphologie*
	• H

« Je suis tombée amoureuse d'un Français et j'ai quitté mon pays, ma famille et une très bonne situation professionnelle pour le suivre dans son pays. Fiasco total ! Au quotidien, il était très différent du prince charmant dont je rêvais… Je n'ai pas retrouvé de job intéressant… Et les Français se moquent de mon accent. Résultat : je suis en pleine crise existentielle ! Mais je refuse d'abandonner. J'ai quitté mon mari mais je suis bien décidée à rester en France. C'est la Mecque de la culture et des arts, et moi j'aime ce qui est beau ! J'ai juste besoin d'un petit coup de pouce pour apprendre à m'aimer comme je suis dans ce pays. »

« Je vais t'apprendre à parler aux Français ! »

« Je suis en pleine crise existentielle !… »

CRISTINA

Lorena est magnifique, comme toutes les Sud-Américaines !… Au Honduras, elle était la plus belle… Ici elle se sent écrasée, un peu méprisée. Pour moi, c'était pareil quand je suis arrivée en France. Quand un Français vous toise ou lève la voix, il ne faut pas courber le dos mais au contraire l'affronter et crier plus fort !… Quand on a compris ça, on adore la France. Je vais l'aider à séduire les Français, à conquérir la France !

Le diagnostic

Il faut dégager le décolleté pour allonger le cou et la silhouette.

Les superpositions de vêtements tassent et grossissent.

Le jean est trop large.

Avec des bottes, on préfère les formes slim.

Les cheveux, trop éloignés de leur couleur naturelle, manquent d'élégance.

ON ÉVITE

- *Les couleurs trop chaudes, comme le bordeaux, qui ternissent les peaux mates.*
- *Les ceintures qui marquent la taille.*
- *Les cols roulés qui engoncent.*

ON PRÉFÈRE

- *Les couleurs fraîches qui illuminent le teint.*
- *Les décolletés en V qui allègent la mâchoire et dévoilent la naissance des seins.*
- *Les pantalons taille basse et les formes droites ou très légèrement cintrées.*

On a le sentiment que Lorena a une grosse tête et pas de cou. En coupant, on affine le visage et on révèle le cou.

On retire les effilages pour retrouver de la matière et du mouvement.

Les cheveux sculptés autour du visage allongent le port de tête.

On retrouve la couleur naturelle, beaucoup plus élégante et flatteuse pour le teint.

MAQUILLAGE

Les teints mats latino-américains ternissent l'hiver, quand ils sont privés de soleil. On les réchauffe en appliquant avant le fond de teint un « illuminateur de teint » dans les tons dorés.

Posé au milieu de la pommette, le blush orangé apporte de la fraîcheur au visage.

On dégrade un contour prune sur les lèvres avant de les repulper avec un brillant beige.

Un fard-crème bronze réchauffe les paupières et un trait plus sombre en ras de cils approfondit le regard.

Vert uni ou rouge à motifs ?

Mais non ce n'est pas trop court Lorena !

Dios mio ! Je suis méconnaissable !

Un décolleté pareil donne
forcément le sourire.

« J'ai toujours cru qu'il fallait être blonde pour séduire ! »

LORENA

J'ai failli piquer une crise de nerfs quand je me suis vue ! J'ai toujours besoin d'un petit temps d'adaptation quand je me fais couper les cheveux… Mais là, je ne supportais pas. Passer du blond au brun, c'était insupportable… J'ai toujours cru qu'il fallait être blonde pour séduire… Et puis, à force de me regarder dans la glace, j'ai commencé à m'y faire, et maintenant j'aime ! Ce relooking est une expérience qui peut aider les femmes qui liront ce livre. J'aime bien cette idée… Sans compter que je ne serai plus la blonde de service.

À moi la France et les Français !

MARIE

Élégante et tendance à l'école !

《 Je n'ai jamais été satisfaite de mon look. Je m'intéresse un peu à la mode mais au quotidien je n'arrive pas à quitter mon jean et mes tee-shirts. D'autant que je travaille avec des enfants et que je me salis beaucoup. Honnêtement, cela ne m'empêche pas de diversifier ma garde-robe. La vérité, c'est que je n'ose pas. Je ne me fais pas confiance. Dans les magasins, j'aimerais qu'on me conseille. Je voudrais vraiment être plus élégance et plus tendance, même à l'école ! **》**

Marie en bref	Ses atouts
• 25 ans	• Une morphologie qui permet de tout porter
• 1 m 82	
• Professeur des écoles (en maternelle)	**Sa morphologie**
• En couple	• X

« Je n'ose pas... je ne me fais pas confiance »

« Tu peux être féminine en portant des vêtements confortables »

CRISTINA

Nathalie est grande et très mince. Elle a une morphologie de mannequin. Elle peut tout se permettre, le brillant, le plissé, les rayures horizontales, les froufrous, les formes amples, droites, cintrées... Si elle veut être parfaite de la tête aux pieds, elle peut éviter les vestes épaulées qui risquent d'accentuer sa carrure. De façon générale, je lui conseillerais de choisir des couleurs fraîches qui illuminent le teint, ou bien des imprimés à contrastes...

Le diagnostic

Le pull moulant
accentue
la carrure.

La coupe
sans forme
fait négligé.

Le beige est
une couleur
trop fade
pour cette
carnation.

Porter
des ballerines
serait plus
féminin.

ON ÉVITE

- *Les épaulettes.*
- *Les couleurs ternes.*
- *Le très moulant, si on n'assume pas sa minceur.*

ON PRÉFÈRE

- *Les couleurs vives.*
- *Les manches raglan qui arrondissent les épaules.*
- *Les rayures horizontales qui étoffent.*

Les cheveux sans forme alourdissent et affadissent le visage.

On raccourcit la nuque pour dévoiler la beauté et la finesse du cou.

On dégage les maxillaires pour mettre en valeur la finesse du visage.

Une frange longue, épaisse, bien prononcée redonne tout son caractère au visage.

MAQUILLAGE

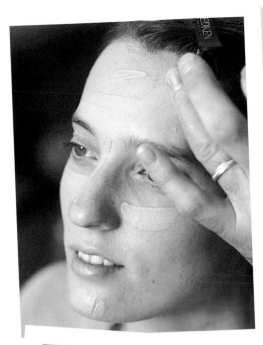

*Se maquiller en 5 minutes et avec les doigts,
c'est l'idéal pour une jeune femme active.
Pas besoin de fond de teint, juste un peu
d'anti-cernes posé sur le front, le nez et le
menton et que l'on l'étire sur le reste du visage.*

*La forme des yeux en amande est parfaite.
Juste un voile d'ombre beige nacré
et une pointe de mascara.*

*Pour une pose rapide et un effet naturel,
on applique le blush crème avec le haut
de la paume de la main.*

*Une touche
de gloss pêche nacré illumine la bouche.*

Uni ou rayures ?

Rayures sans hésiter...

Confortable, la robe tunique est aussi très féminine.

Le joli sautoir habille le long cou de biche de Nathalie.

« *Cette expérience est une bouffée d'oxygène* »

MARIE

Je suis super contente ! Quand je suis arrivée à l'école, mes petits élèves étaient interloqués. « Pourquoi t'as changé de tête ? » « Tu ressembles à un garçon ! » « T'es trop belle, maîtresse… » Ça n'a pas arrêté ! J'ai mis en pratique les conseils de Cristina. J'ai acheté un legging et une tunique. Et je m'hydrate quotidiennement le visage avant de me maquiller. Cette expérience est une petite bouffée d'oxygène qui m'a donné envie de prendre un peu de temps pour moi…

T'es trop belle, maîtresse !...

Marie-Cécile, Marion,
Martine, Mathilde,
Maud, Monia,
Mounia, Nadeya,
Nadia, Nathalie...

... ne savaient pas
qu'elles étaient si jolies !

MARIE-CÉCILE

Je fais sage et BCBG alors que je suis tout le contraire !

Marie-Cécile en bref	Ses atouts
• 36 ans	• De très beaux yeux
• 1 m 60	• Un joli visage
• Gérant de patrimoine	**Sa morphologie**
• Mariée, un enfant	• A

« J'ai l'impression de ne ressembler à rien. Dans la rue, toutes les femmes ont un style, sauf moi. Je suis passe-partout. Je suis capable d'acheter des vêtements très originaux pour mes copines, mais sur moi je trouve toujours que ça fait « too much ». Je m'habille invariablement en gris ou en noir ! Du coup, je fais « gentille blonde » , ce que je ne suis pas : je suis dynamique, j'adore bouger et … je fais de la boxe française ! »

« Les intemporels, ce n'est pas pour toi, ma chérie. »

« Je fais gentille blonde ! »

CRISTINA

Marie-Cécile doit faire exactement le contraire de ce que je prescris aux autres ! Pour elle, les intemporels et les basiques, c'est « too much » ! Si elle met un jean, il faut qu'il soit « dernier cri » ! C'est une beauté classique. Puisqu'elle veut casser son côté BCBG, il faut qu'elle porte des vêtements branchés. Elle doit aussi oser les couleurs qui la dynamiseront et les décolletés plongeants. Quoi qu'elle fasse, elle ne fera jamais « fashion victim ». En jouant la mode, elle restera élégante tout en étant plus moderne.

Le diagnostic

Le col roulé cache le port de tête.

Joli le carré blond, mais pas quand on se plaint de faire BCBG !

Pour Marie-Cécile, le noir est beaucoup trop classique.

Le pantacourt raccourcit les jambes.

Les revers tassent.

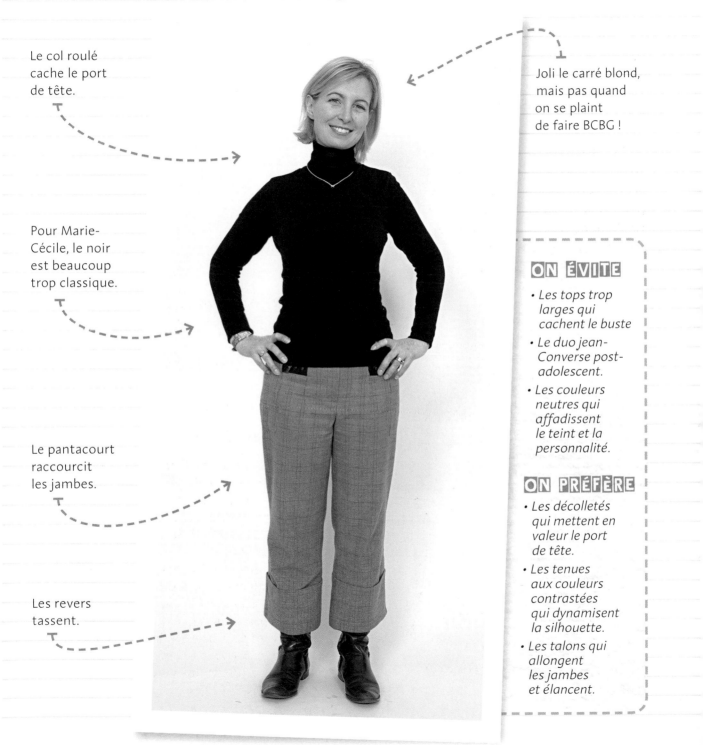

ON ÉVITE

- *Les tops trop larges qui cachent le buste*
- *Le duo jean-Converse post-adolescent.*
- *Les couleurs neutres qui affadissent le teint et la personnalité.*

ON PRÉFÈRE

- *Les décolletés qui mettent en valeur le port de tête.*
- *Les tenues aux couleurs contrastées qui dynamisent la silhouette.*
- *Les talons qui allongent les jambes et élancent.*

Une coupe courte va casser le côté BCBG et donner du caractère au visage.

On allège la nuque pour mettre en valeur le port de tête et les belles mâchoires.

On sculpte les côtés pour dégager le visage et mettre en valeur sa finesse.

On coupe la mèche en frange pour moderniser l'allure.

MAQUILLAGE

Sur la peau parfaite de Marie-Cécile, un fond de teint poudre léger posé au pinceau.

Pour sophistiquer le visage et casser son côté BCBG, on travaille l'œil en « charbonneux » en jouant sur un halo de fards prune mats et irisés qui font ressortir les yeux verts.

Les cils, très longs, sont recouverts de mascara noir qui accentue le côté « œil de velours ».

Un rouge bois-de-rose « glossé » sublime subtilement les lèvres.

C'en est définitivement terminé de la « gentille blonde » !

Le duo rouge et noir dynamise la silhouette.

La coupe a réveillé le visage.

T'as d'beaux yeux tu sais !

« Je me sens beaucoup plus dynamique... »

MARIE-CÉCILE

Mon mari était enchanté quand il m'a vue. Il voulait tout savoir, les conseils vestimentaires, le maquillage. Depuis le temps qu'il me dit de porter des couleurs, il était content qu'une professionnelle lui donne raison. J'ai fait l'unanimité au boulot. Je me sens plus moderne, plus dynamique. Je viens d'apprendre que j'attendais un bébé. Pour les formes, je vais avoir du mal à suivre, mais je vais me faire une garde-robe colorée et pleine de fantaisie.

Marie-Cécile est toujours élégante, mais en beaucoup plus moderne !

MARION

J'aimerais être plus glamour

« Je suis contente d'être mince mais j'ai des épaules larges. Et puis je ne sais pas m'habiller. Mon copain trouve que je ne me mets pas en valeur. Mais je ne me sens pas très à l'aise avec des vêtements féminins. Peut-être parce que je ne sais pas les choisir. Alors je mets toujours la même chose : un tailleur noir pour aller travailler et un jean et des baskets le week-end. Je ne cherche pas des choses extravagantes, mais un peu plus féminines, plus glamour … »

Marion en bref
- 25 ans
- 1 m 68
- Chef de produit
- En couple

Ses atouts
- Des cheveux magnifiques
- Une très belle peau
- Un corps mince

Sa morphologie
- V

« Mon copain trouve que je ne me mets pas en valeur… »

« Il faut adoucir ces épaules…»

CRISTINA

Il faut qu'elle évite la maille et les couleurs claires qui font ressortir sa carrure. Si j'étais elle, j'aurais fait l'inverse : pantalon rose et haut noir ! L'idéal, pour sa carrure, ce sont les manches raglan qui arrondissent les épaules. Si elle veut être plus féminine, il faut qu'elle s'habitue aux jupes. Plutôt droites. Les formes évasées peuvent lui aller mais ce sera moins sophistiqué sur elle. Elle peut aussi porter des jupes courtes mais juste au-dessus du genou, c'est plus classe. Je la vois bien en héroïne hitchcockienne…

Le diagnostic

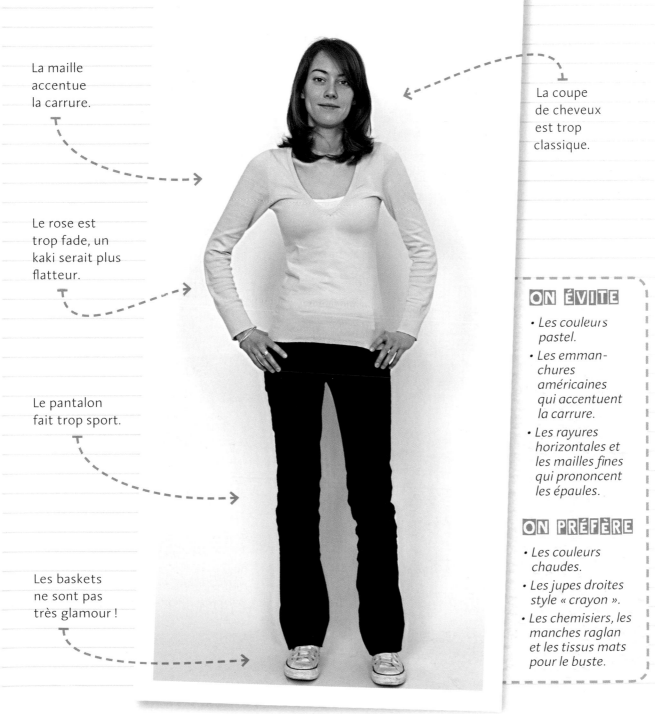

La maille accentue la carrure.

Le rose est trop fade, un kaki serait plus flatteur.

Le pantalon fait trop sport.

Les baskets ne sont pas très glamour !

La coupe de cheveux est trop classique.

ON ÉVITE

- *Les couleurs pastel.*
- *Les emman-chures américaines qui accentuent la carrure.*
- *Les rayures horizontales et les mailles fines qui prononcent les épaules.*

ON PRÉFÈRE

- *Les couleurs chaudes.*
- *Les jupes droites style « crayon ».*
- *Les chemisiers, les manches raglan et les tissus mats pour le buste.*

*Il faut raccourcir juste au-dessus
des épaules, pour atténuer
la carrure.*

*Les mèches sont sculptées pour redonner
du mouvement et du volume.*

*On lisse légèrement vers l'intérieur
pour un effet glamour.*

*Une frange légère
va faire ressortir les yeux.*

MAQUILLAGE

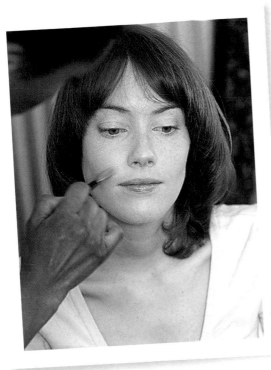

Sur une belle peau lumineuse, on applique très peu de produit ; juste un peu d'anti-cernes pour gommer les petites rougeurs et sublimer le teint de porcelaine.

Pour un maquillage très naturel, on travaille sur les yeux un camaïeu de beiges.

On joue avec des blush sculpteurs beige clair et beige foncé pour redessiner les pommettes.

On travaille le mascara noir en étirant les cils vers les tempes.

J'ai peur que ce gris soit trop fade pour toi...

Ce n'est peut-être pas la bonne jupe mais c'est la bonne longueur...

Le noir et blanc : des valeurs sûres...

Si ce regard avait croisé celui d'Hitchcock...

« C'était le coup de pouce dont elle avait besoin »

MARION

Finalement, Marion était tout à fait prête à assumer un look très féminin. Mais elle avait besoin de la médiation d'un regard extérieur. Sa rencontre avec Cristina a été très enrichissante. C'était le coup de pouce dont elle avait besoin. Elle était un peu gênée par sa carrure. Elle s'est aperçu qu'il suffisait de quelques astuces pour gommer ce petit défaut. C'est ainsi qu'elle a adopté les chemisiers. Quant aux jupes, elles ne lui font plus peur ! Elle est même devenue une adepte du maquillage et … des talons !

Je me sens enfin moi...

MARTINE

Cherche style désespérément !

Martine en bref	Ses atouts
• 53 ans	• De jolies jambes
• 1 m 68	• Une belle poitrine
• Technicienne CNAV	**Sa morphologie**
• Mariée, 2 enfants	• 8

« Cela fait des années que je cherche désespérément un style. En vain !... Dans les meilleurs des cas, je fais du copier-coller de ce qui me plaît chez les autres. Mais généralement je me contente d'un jean et d'un tee-shirt blanc. Depuis quelque temps, je suis même tombée dans le total look noir, alors que je suis une bonne vivante, plutôt pétillante. J'essaie pourtant... Je vais une fois tous les dix ans faire les magasins ! Je trouve tout beau mais quand j'essaie, rien ne me va, et je ressors bredouille ! »

« Je vais une fois tous les dix ans faire les magasins ! »

« Tu es bien décidée à te prendre en mains, Martine ? »

CRISTINA

Elle est vraiment trop négligée. C'est un beau « 8 » pulpeux avec de très jolies jambes. Elle doit être magnifique en jupe, mais on va commencer par un pantalon pour ne pas la brusquer. Pour faire jeune et chic, il lui faut des vêtements intemporels, simples, sobres, coupés dans des matières nobles (coton , lin, soie…). Elle peut jouer sur les accessoires pour apporter de la fantaisie, mais pas de froufrous ni de brillances…

Le diagnostic

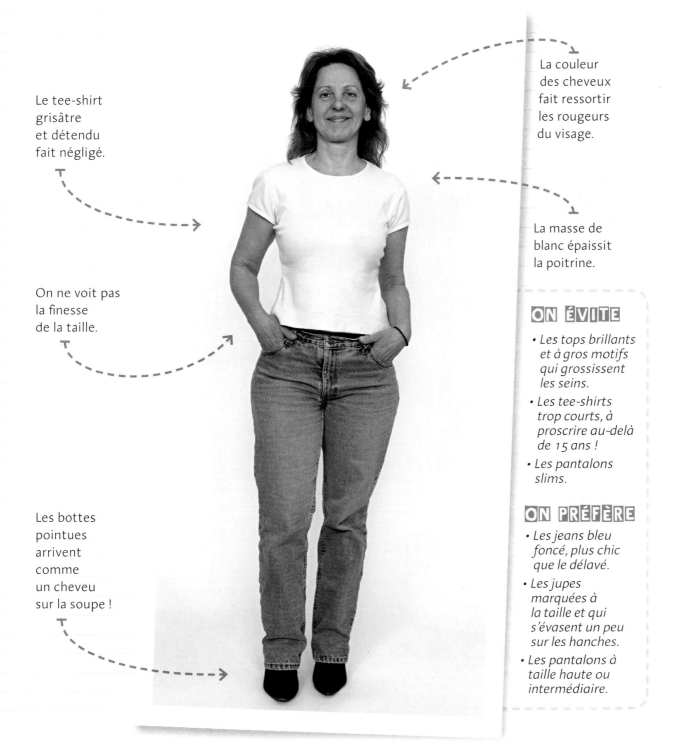

Le tee-shirt
grisâtre
et détendu
fait négligé.

On ne voit pas
la finesse
de la taille.

Les bottes
pointues
arrivent
comme
un cheveu
sur la soupe !

La couleur
des cheveux
fait ressortir
les rougeurs
du visage.

La masse de
blanc épaissit
la poitrine.

ON ÉVITE

- *Les tops brillants et à gros motifs qui grossissent les seins.*
- *Les tee-shirts trop courts, à proscrire au-delà de 15 ans !*
- *Les pantalons slims.*

ON PRÉFÈRE

- *Les jeans bleu foncé, plus chic que le délavé.*
- *Les jupes marquées à la taille et qui s'évasent un peu sur les hanches.*
- *Les pantalons à taille haute ou intermédiaire.*

On coupe pour ôter de la lourdeur à la chevelure, alléger les épaules et le bas du visage.

On cache les oreilles en sculptant de petites mèches autour du visage et on casse la hauteur du front en créant une petite mèche frange.

La coupe redonne de la légèreté et ses ondulations naturelles à la chevelure.

Une couleur plus foncée va dynamiser et illuminer le visage de Martine.

MAQUILLAGE

On éclaircit le teint d'un demi-ton pour le dynamiser et lui apporter de la fraîcheur.

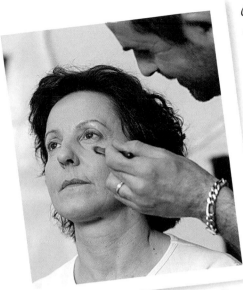

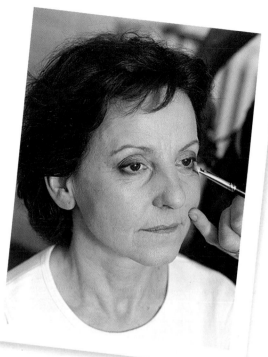

On couvre l'ensemble de la paupière d'un fard beige légèrement rosé qui sert de base. On travaille ensuite un camaïeu de fards noisette avant de souligner le ras de cil d'un trait de brun foncé.

On creuse le dessous de la pommette en appliquant un voile de blush brun rosé.

Un rouge à lèvres transparent corail repulpe les lèvres.

Décidément, ce pantalon me plaît beaucoup !

Le chemisier cintré marque la taille avec élégance.

La coupe et la couleur apportent de la lumière au visage.

La tenue dessine joliment la silhouette.

« *Il faut savoir faire confiance* »

MARTINE

Je suis rentrée très vite à la maison pour me montrer ! Mon mari a beaucoup aimé. Pendant quelques jours, je me regardais régulièrement dans la glace, de face, de profil, de dos… pour m'habituer ! J'adore ! Pourtant, au départ, je n'aurais jamais pensé à ce style de coupe ou de vêtements. Mais c'est ça qui est bien ! Il faut savoir faire confiance… C'était vraiment un moment magnifique !

C'est simple, chic, moderne… tout ce qu'on aime !

MATHILDE

Donnez-moi du chien ! Je me trouve trop fade.

« Je suis sans saveur, sans odeur ; je me sens godiche. Je suis blonde, donc fade ; j'ai des seins trop petits ; je suis foutue comme une bouteille d'Orangina ; je déteste mes yeux marron banals. Petite parenthèse : j'aime bien ma bouche ! Autant vous dire que je ne fais aucun effort pour m'habiller. L'une de mes collègues, qui est toujours à la pointe de la mode, ne cesse de me répéter que je pourrais être pas mal. J'ai du mal à le croire… »

Mathilde en bref	Ses atouts
• 30 ans	• Ses 1 m 71
• 1 m 71	• Une jolie poitrine
• Assistante en ressources humaines	**Sa morphologie**
• Mariée, un enfant	• A

« Je me sens godiche ! »

« Tu es grande Mathilde, c'est un atout ! »

CRISTINA

À force d'être classique, Mathilde fait dame, voire «mémère» ! La taille est marquée, il lui faut des vêtements cintrés. Elle a une mini-poitrine, vive le maxi-décolleté ! Chez elle, le noir c'est bien pour le bas, mais pas pour le haut. Un pantalon sombre, sans pinces ni poches, masquerait parfaitement la culotte de cheval. En revanche, de la couleur pour les tops ! Et changement de lunettes obligatoire : les siennes, petites et arrondies, accentuent la largeur de la mâchoire et des joues et masquent ses magnifiques yeux … verts !

Le diagnostic

La raie au milieu exacerbe l'étroitesse du front et déséquilibre l'ensemble du visage.

La couleur taupe du pull éteint le visage.

L'étoffe trop légère du pantalon marque la culotte de cheval.

Les bouts pointus des boots font ressortir les cuisses.

La couleur des cheveux, trop claire, n'est pas en harmonie avec la carnation.

ON ÉVITE

- *L'abus de couleurs sombres qui mincissent mais qui vieillissent.*
- *Les super-positions de matières épaisses.*
- *Les petites lunettes qui afont ressortir la mâchoire.*

ON PRÉFÈRE

- *Les décolletés qui attirent l'attention sur le haut du corps.*
- *Les formes droites évasées et non moulantes qui atténuent la culotte de cheval.*
- *Les petits talons.*

Les cheveux, trop longs et trop lourds, marquent la rondeur des joues et du nez et durcissent les traits. On se débarrasse de la moitié de la longueur !

Une mèche légère sur le front réduit la hauteur du visage, allège le bas du visage et met le regard en valeur.

La couleur caramel affadit le visage. On choisit un châtain clair qui illumine et affine les traits.

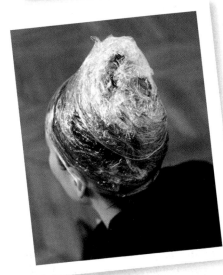

Séchage simple pour cette coupe qui a redonné à Mathilde du chic et de la fraîcheur.

MAQUILLAGE

On applique un léger fond de teint beige et un anti-cernes rosé.

Le fard brun pailleté de vert appliqué sur la paupière s'harmonise parfaitement avec la couleur des cheveux et des yeux.

On rehausse l'éclat du regard avec un trait de fard chocolat foncé posé au ras des cils, façon eye-liner.

Une touche de gloss naturel met en valeur les lèvres bien dessinées de Mathilde.

Les bottes allongent et soulignent la finesse des jambes de Mathilde.

La jupe trapèze gomme la culotte de cheval. Et que pensez-vous du blanc ?…

… Quoique le blanc qui illumine le visage, c'est pas mal quand même !

… Pas mal, mais l'imprimé est beaucoup plus tendance !…

« *Cette*
expérience m'a
permis d'évoluer »

MATHILDE

J'ai passé un très bon moment et je ne regrette pas du tout ce relooking, mais…
Je n'ai pas pu me faire à la coupe de cheveux.
Quelques jours plus tard, je suis retournée chez le coiffeur. J'ai gardé la couleur que j'adore, mais je me suis fait couper les cheveux très courts, à la garçonne. En revanche, je me maquille et je fais des efforts vestimentaires. J'ai acheté une robe trapèze et des tops décolletés, comme me l'avait conseillé Cristina. Et puis je suis en train de me faire faire des lentilles de contact.

Sans saveur Mathilde ? …

MAUD

À 62 ans, je veux continuer à plaire aux hommes !

Maud en bref
- 62 ans
- 1 m 62
- Travailleur social
- Divorcée, 2 enfants

Ses atouts
- Une volonté de fer
- Un teint frais

Sa morphologie
- H

« On me dit souvent : « Ce que tu fais jeune ! ». Franchement, je préfèrerais entendre : « Tu es vraiment superbe ! » J'ai un frère jumeau qui était le chouchou de notre mère. Je suppose que j'ai toujours voulu lui ressembler, ce qui ne m'a pas aidée à assumer ma féminité. Le look « sport » a été ma façon d'être à la fois garçon et fille. Mais aujourd'hui, je veux être femme. Ce n'est pas trop tard : j'ai passé mon bac à 45 ans et obtenu un DESS quelques années plus tard ! Et puis j'ai toujours une âme d'enfant, je suis curieuse et prête à tout ! »

« Tu fais jeune Maud, mais tu manques de chic »

« J'ai toujours une âme d'enfant, je suis curieuse et prête à tout ! »

CRISTINA

Il faut rendre Maud élégante sans en faire trop. Elle doit porter des tenues droites et pas moulantes, par exemple un pantalon tout simple, sans pinces ni poches. Et puis, halte aux rayures, aux imprimés, et au stretch : ça grossit. Elle peut oser une chemise à motifs, mais portée sous une veste unie, à condition toutefois de la laisser flotter et de ne pas la rentrer dans le pantalon. Côté lunettes, il faut trouver autre chose. Et un peu de talons l'allongerait et la féminiserait.

Le diagnostic

Les lunettes passe-partout gâchent la personnalité du visage.

Les cheveux frisés, fins, sans coupe, sont d'une autre époque.

Exit les rayures horizontales contrastées qui élargissent le buste !

Pas de poches sur les hanches à moins d'être un fil de fer.

ON ÉVITE

- *Les hauts à motifs contrastés qui grossissent.*
- *Le sportswear, pas chic pour un sou.*
- *Les chaussures plates.*

ON PRÉFÈRE

- *Les lentilles de contact qui révèlent le regard.*
- *Les hauts fluides qui apportent de la sensualité.*
- *Les escarpins à talons.*

Quand on est femme, on met des chaussures de femme !

La longueur alourdit la silhouette. Il faut alléger tout ça !

Une coupe courte révèle la beauté des traits de Maud.

Les reflets cuivrés font ressortir les rougeurs du teint. On choisit une couleur brun chocolat que l'on applique également sur les sourcils.

Du caractère et de la classe avec cette coupe un brin graphique.

MAQUILLAGE

On travaille l'éclat de la carnation avec un fond de teint léger qui ne marque pas les rides et ne fige pas les expressions du visage.

On agrandit le haut de la paupière avec un fard coquille-d'œuf.

La bouche est rehaussée d'un gloss légèrement orangé pour un effet «bonne mine».

On joue sur la profondeur du regard en appliquant un fard bronze sur la paupière mobile.

*La monture
des lunettes
affadit
et vieillit
le visage…*

*… celles-ci au
contraire lui
redonnent tout
son caractère.*

*Un beau marron illuminé par un
accessoire doré mat réchauffe le teint
et met les yeux en valeur.*

*Le tailleur pantalon,
une valeur sûre pour un look féminin
et chic.*

« *Je ne suis plus invisible !* »

MAUD

Au premier coup d'œil, j'ai été choquée : je n'étais plus invisible ! Mon visage n'était plus caché par mes cheveux ; j'étais élégante … Je me suis demandé si j'allais supporter. Mais autour de moi, tout le monde adore. Et je fais des envieuses… Cette expérience reste très présente. Je me maquille légèrement. J'ai acheté un tailleur pantalon marron, des chaussures à talons et j'ai troqué mes pulls contre des chemisiers ! Et puis, j'ai pris rendez-vous avec mon ophtalmo… une bonne occasion pour changer de lunettes !

Séductrice jusqu'au bout des lunettes !

MONIA

J'en ai assez d'être le vilain petit canard.

Monia en bref	Ses atouts
• *22 ans*	• *Un beau port de tête*
• *1 m 65*	• *Des chevilles sexy*
• *Laborantine*	• *Une taille fine*
• *Mariée*	• *Une belle poitrine*
	### *Sa morphologie*
	• *A*

« Ce n'est plus possible. J'en ai marre de regarder les femmes dans la rue et de passer mon temps à les envier. Moi, personne ne me regarde… La nature ne m'a pas gâtée. De petites épaules et de grosses hanches… Chaque fois que je dois acheter un pantalon, j'appréhende… Je fais un 36 de taille et un 42 de hanches, vous imaginez la galère… Quand je me regarde dans le miroir, je déprime, alors je choisis la facilité : un pantalon, un pull et voilà… **»**

« Regarde comme tu as la taille fine Monia ! »

« Personne ne me regarde…
La nature ne m'a pas gâtée… »

CRISTINA

Monia est magnifique. Elle a une petite poitrine qui se prête aux grands décolletés et des jambes superbes, mais qu'elle n'hydrate pas assez ! Pour une belle peau, crème pour le corps obligatoire tous les jours ! Monia a la taille très fine, des hanches et une belle cambrure. Ce qui lui pose un problème quand elle veut mettre un pantalon. Elle doit choisir des modèles évasés ou trapèze, dans des tissus mats et les faire systématiquement reprendre à la taille par un retoucheur. Mais je pense que les robes et les jupes lui vont beaucoup mieux. Il va falloir la convaincre…

Le diagnostic

Les sourcils trop
fins et trop épilés
durcissent
le regard.

Le gilet blanc
fermé écrase
le décolleté.

La longueur
et la couleur
du gilet
marquent
la culotte
de cheval.

Le velours
grossit.

Les défrisages
ont abîmé
et terni
les cheveux
de Monia.

ON ÉVITE

- *Le total look
sombre qui rend
les peaux males,
blafardes.*
- *Les pantalons
quand on a une
culotte de cheval
importante et
que l'on est très
cambrée.*
- *Les matières
stretch et
moulantes.*

ON PRÉFÈRE

- *Les vestes
cintrées à la taille.*
- *Les robes formes
trapèze et les
tailles « Empire ».*
- *Les couleurs et
les accessoires
qui réveillent les
teints mats.*

COIFFURE

*La longueur alourdit la nuque.
On raccourcit pour sublimer le port de tête.*

*Les côtés beaucoup trop plats allongent
le visage. On va redonner du volume en
dynamisant l'ondulation naturelle.*

*Quelques boucles
légères sur le front
rehaussent l'éclat
des yeux et la
profondeur du
regard.*

*Les boucles
courtes qui
encadrent
le visage lui
redonnent
modernité et
dynamisme.*

MAQUILLAGE

Sur une peau à forts pigments jaunes, on prépare le teint en appliquant une crème de jour composée de micro-particules rosées. On réchauffe ensuite avec une poudre légèrement orangée.

On applique un fard à sourcils brun mat. On brosse et on fixe avec un gel à sourcils.

Les fards et les poudres orangés illuminent les peaux méditerranéennes.

Les lèvres sont parfaitement dessinées. On applique juste un gloss orangé nacré qui apporte de la lumière et de la sensualité.

La métamorphose du vilain petit canard
en bel oiseau...

Quand
on est
maquillée,
interdit de
pleurer,
même
d'émotion !

Sexy, les escarpins dévoilent
la naissance des orteils.

Les boucles d'oreille apportent
une touche de féminité supplémentaire.

*« Il m'a dit :
tu es superbe… »*

MONIA

Mon mari ne savait
pas que j'allais me
faire relooker. En
général il n'aime
pas les cheveux
bouclés. Quand je
suis rentrée, il m'a
regardée, n'a rien
dit puis il a souri en
me disant que j'étais
superbe. Et il m'a
emmenée acheter
des vêtements ! Un
jean taille basse, un
top noir liseré de
blanc pour mettre
le visage en valeur,
une veste en cuir
et des bottes à
talons ! Les gens
me trouvent plus
souriante, épanouie.
C'est énorme, je ne
trouve pas d'autre
mot. Au boulot, ça
a été l'émeute. J'ai
l'impression d'avoir
enfin toute ma place !

Monia osera-t-elle encore dire que la nature ne l'a pas gâtée ?

MOUNIA

Je veux devenir une *working girl* !

« Je termine une école de commerce et je vais bientôt entrer sur le marché du travail. Je ne peux pas continuer à ressembler à une étudiante. Lorsque l'on passe un entretien d'embauche, l'image compte énormément. Je suis l'aînée de ma famille, ma mère est très classique… Bref je trouve plutôt mes références à la télévision ou au cinéma. J'aimerais faire *working girl*, décontractée et classe à la fois. »

Mounia en bref	Ses atouts
• 23 ans	• Un sourire de déesse
• 1 m 65	• Des yeux de feu
• Étudiante	**Sa morphologie**
• Célibataire	• H

« Montre-leur que tu en veux Mounia ! »

« *Je ne peux pas continuer à ressembler à une étudiante… »*

CRISTINA

La garde-robe d'une « working girl » est composée de classiques, d'intemporels comme des pantalons droits, des vestes, des trenchs… Mounia est petite, il faut faire attention aux formes qui pourraient la tasser. Pour elle, la robe ou le pantalon droit, sans poches ni pinces s'impose. La veste peut être légèrement cintrée mais pas trop marquée à la taille. Elle doit porter des talons pour allonger sa silhouette, et éviter les tops imprimés, plissés ou à froufrous qui grossissent. Et puis, pour trouver un job, sourire obligatoire !

Le diagnostic

Les gros motifs élargissent la poitrine et l'ensemble du buste.

Le top trop moulant révèle l'absence de taille et la largeur des hanches.

Le revers du jean rapetisse les jambes.

Pour une « working girl », les baskets sont réservées aux week-end !

La longueur des cheveux tire le visage vers le bas et cache le port de tête.

ON ÉVITE

- *Les froufrous en tout genre et les motifs contrastés qui grossissent.*
- *Les hauts très moulants quand on a la taille peu marquée.*
- *Les baskets d'adolescente !*

ON PRÉFÈRE

- *Les hauts fluides*
- *Les vestes qui donnent de l'assurance*
- *Les talons qui font gagner des centimètres.*

Il faut révéler la beauté de ce visage masqué par le rideau de la chevelure.

Un vernis va redonner de la lumière à la chevelure.

Pas de regrets, exit la masse ! On garde juste un peu de longueur autour du cou pour affiner le port de tête.

Séchage au diffuseur pour cette coupe qui redonne toute sa sensualité et son mouvement à la belle chevelure de Mounia.

MAQUILLAGE

On pose sur la paupière mobile un mélange de fards taupe et brun que l'on étire vers les tempes pour corriger l'effet tombant des yeux.

Le fond de teint liquide à base d'eau illumine la jolie peau de Mounia qui, comme toutes les peaux méditerranéennes, a tendance à se ternir durant l'hiver. Une touche de poudre beige brun atténue le menton un peu proéminent.

Le mascara recourbant et volumateur permet d'agrandir les yeux et de les étirer vers le haut.

Un nuage de blush prune, assorti à un gloss corail sur les lèvres, donne un dernier coup d'éclat au visage de Mounia.

Indispensables pour une « working girl » de 1m 65 : les escarpins à talons !

Le chic, ça donne la pêche et le sourire !

Intemporel, le trench est le basique par excellence.

Porté par-dessus le pantalon, et largement ouvert, le chemisier est élégant mais jamais guindé !

« Je ne me reconnaissais pas »

MOUNIA

J'avais du mal à savoir si ça me plaisait… Je ne me reconnaissais pas ! Mais face aux réactions de mes collègues, de mes copines et de ma famille, j'ai été convaincue ! Ils m'ont trouvée plus « femme », plus dynamique. C'était ce que je voulais. Du coup, je m'habille comme Cristina me l'a conseillé. Je mets des talons et je me maquille tous les matins ! C'est devenu un besoin. Cette expérience m'a « boostée ». J'ai l'impression d'être plus sociable, plus ouverte, bref, mon potentiel relationnel s'est bien amélioré !

Working girl et pretty woman !

NADEYA

Je veux ressembler à une fille !

Nadeya en bref	Ses atouts
• 33 ans	• De jolies rondeurs
• 1 m 80	• De très beaux yeux
• Motoriste	**Sa morphologie**
• En couple	• O

« Je suis mécanicienne chez Peugeot. Depuis que j'ai commencé mes études, je passe ma vie en bleu de travail ou en combinaison de sécurité. Autour de moi, il n'y a que des hommes. Je suis la seule femme de l'atelier. Ce sont d'ailleurs mes collègues qui m'ont inscrite à ce relooking. Ils aimeraient voir comment je suis quand je ressemble à une fille… Je ne sais absolument pas m'habiller, je ne suis jamais allée chez le coiffeur (c'est ma sœur qui me coupe les cheveux) et je ne me maquille pas… Je suis prête à me laisser faire… De toute façon, je serai toujours la plus belle de l'atelier ! »

« Je serai toujours la plus belle de l'atelier ! »

« Il y a du travail, mais ce n'est pas désespéré ! »

CRISTINA

Nadeya est grande, souriante ; elle a des formes, la taille marquée et de jolies épaules. Il faut qu'elle comprenne sa morphologie pour apprendre à s'habiller. Elle est tellement peu habituée à s'occuper d'elle qu'elle a du mal à se regarder dans la glace. Le moindre accessoire féminin risque de la traumatiser, tellement elle n'a pas l'habitude ! Il faut faire soft, lui proposer du féminin confortable. Les talons aiguilles, ce n'est pas pour tout de suite !…

Le diagnostic

Le mélange de styles entre le pantalon et le top ne va vraiment pas !

Le motif blanc à hauteur des hanches apporte de l'épaisseur là où il n'y en a pas besoin.

Le jogging fait carrément négligé et la bande blanche marque les cuisses.

Pour féminiser, exit les baskets !

Il faut dégager le cou pour réveiller le port de tête.

ON ÉVITE

- Les hauts brillants, à motifs ou à froufrous.
- Tout ce qui focalise l'attention ailleurs que sur le visage.
- Les cols roulés qui engoncent le cou et accentuent le double menton.

ON PRÉFÈRE

- Les pantalons droits.
- Les tenues monochromes.
- Les jupes droites sous le genou, qui ne moulent pas les hanches.

Le visage est « grand ». On va le rééquilibrer en raccourcissant les longueurs et en couvrant le front.

On sculpte les côtés pour leur donner du volume.

Une couleur « noisette foncée » va apporter de l'élégance aux cheveux.

Les cheveux séchés et lissés ont retrouvé de la matière et du mouvement.

MAQUILLAGE

Pour travailler la fraîcheur naturelle du teint, on utilise un fond de teint fluide qui laisse apparaître le grain de peau.

Un voile de blush rosé irisé sculpte et illumine le visage.

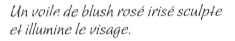

Un halo de fards cuivrés réchauffe le bleu des yeux.

On redessine le contour des lèvres d'un trait de crayon rosé puis on les repulpe d'un rose marronné « glossé ».

LOOK

*Vernis obligatoire
quand on porte des nu-pieds !*

*Le sautoir apporte élégance
et chaleur à la tunique blanche.*

*La coupe
et le
maquillage
ont mis les
yeux
en valeur.*

La plus belle pour aller... à l'atelier !

« *Dans mes grosses chaussures, il y a des pieds de fille !* »

NADEYA

Le lendemain du relooking je me suis réveillée tôt, car j'avais hâte de me regarder dans la glace. Je me suis maquillée pour aller travailler. Mes collègues de l'atelier m'ont regardée à deux fois avant de me reconnaître. Ils veulent que je fasse ça tous les jours. Mon compagnon y veillera. Il dit qu'il m'aime encore plus depuis que je n'ai plus mon balai sur la tête ! Il m'a emmenée acheter des vêtements… et il adore le vernis sur les orteils. Moi, je ne peux plus m'en passer. J'adore l'idée, qu'à l'atelier, dans mes grosses chaussures de sécurité, il y a des pieds de fille !

Qu'est-ce que ça fait du bien d'être une femme !

NADIA

Comment transformer une jolie fille en belle femme…

Nadia en bref	Ses atouts
• 40 ans	• À peu près tous…
• 1 m 63	• … un beau visage…
• Déléguée médicale	• … une silhouette parfaite…
• Célibataire	**Sa morphologie**
	• H

« J'ai 40 ans et je ne les fais pas ! Tant mieux. Je ne veux pas faire plus vieille, mais plus femme, moins gamine. Dans mon métier, je marche beaucoup et je passe des heures en voiture. Il faut que je sois bien habillée mais à l'aise. J'adore les vêtements, j'en achète beaucoup, mais je mets toujours les mêmes ! J'ai vraiment besoin d'un coup de main pour trouver enfin mon style de femme de quarante ans. »

« Ce qui est difficile Nadia, c'est que tout te va ! »

« J'ai 40 ans et je ne les fais pas ! »

CRISTINA

Nadia est superbe. On ne peut que la sublimer. Elle a un port de tête magnifique mais elle ne veut pas avoir les cheveux courts. Tant pis… De toute façon tout lui va. C'est une jolie fille qui veut devenir une belle femme ! Un jean et un pull, ça lui va évidemment, mais ça manque de caractère. Il faut l'aider à avoir un peu plus de style. Je la vois bien avec un bermuda par exemple : ça mettrait ses jambes en valeur tout en étant confortable et pour le travail, moins sexy qu'une minijupe.

Le diagnostic

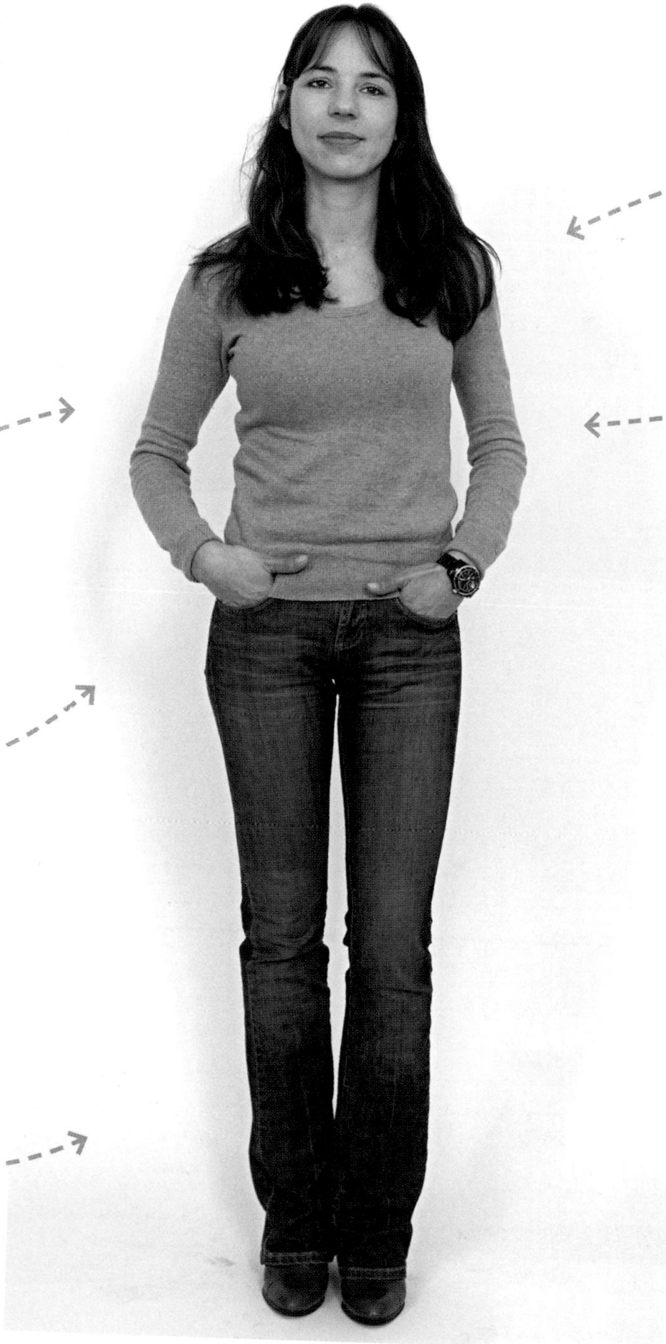

Un pull
c'est bien,
mais une petite
veste serait
plus chic…

Un jean « taille
basse » serait
plus sexy.

Des jambes
pareilles
doivent
absolument
être
dévoilées !

Pourquoi
un décolleté
aussi sage ?

Le gris est
un peu froid
pour Nadia.
Il faudrait le
réchauffer avec
une touche
de couleur.

ON ÉVITE

- *Rien, tout lui va…*
- *Le look
« jean tee-shirt »
si on veut faire
moins gamine !*

ON PRÉFÈRE

- *Tout, car elle
est mince.*
- *Montrer
ses jambes par
tous les vents !*

On garde la longueur en jouant sur le raide lisse qui va casser le côté légèrement rond du visage.

On sculpte les côtés pour ouvrir le visage.

On ôte les mèches claires pour plus de chic et on unifie avec un brun foncé qui illumine le teint et fait ressortir le regard.

On joue la frange longue, lisse et couvrante, qui met le regard en valeur.

MAQUILLAGE

Nadia a une jolie peau. Pas besoin de fond de teint, on travaille localement les cernes et les petites imperfections à l'anti-cernes.

Les yeux marron de Nadia ont des reflets bronze. Un fard taupe un brin doré les sublime.

On insiste sur le mascara qui donne de l'ampleur aux yeux en amande, définit et approfondit le regard.

Pas de sophistication pour la bouche bien dessinée ; juste une touche de rouge à lèvres transparent corail.

Et si on osait la couleur ?

Avec un bermuda : le collant opaque obligatoire !

Classe mais moderne pour aller travailler...

La frange a redonné de l'élégance à Nadia.

« *Une aventure nécessaire pour avancer* »

NADIA

Je ne me fais pas du tout à la coupe et à la couleur. C'est un changement trop radical pour moi. En revanche, les vêtements me plaisent beaucoup. Cristina m'a aidée à me faire accepter mes atouts, à révéler des choses que je sentais au fond de moi. Je suis maintenant convaincue que je dois montrer mes jambes. Je vais aussi essayer de mettre plus de couleur et assumer des tenues plus sexy… Pour moi, ce relooking aura été une aventure assez violente, mais nécessaire pour avancer…

Changer demande quelques efforts !…

NATHALIE
Au secours, baby blues !

« Ces dernières années, je me suis laissée aller. Je ne ressemble plus à rien, je n'ai pas de style. Je choisis mes vêtements uniquement pour leur aspect confortable, même s'ils font «mémère» ! Pour sortir avec mon mari, je ne sais pas comment m'habiller. Et puis je suis d'un tempérament indécis. Dans un magasin, je suis donc incapable de choisir entre plusieurs articles. Parfois, je tombe sur une vendeuse sympa qui me conseille et j'achète quelque chose. Sinon, je ressors les mains vides. Tout cela me déprime. J'ai tellement envie d'être jolie pour mon mari et ma petite fille… Il me faut le regard d'un professionnel pour trouver enfin un style et l'assumer. **»**

Nathalie en bref	Ses atouts
• *33 ans*	• *Généreuse et douce*
• *1 m 65*	• *Joli port de tête*
• *Agent administratif*	**Sa morphologie**
• *Mariée, un enfant*	• *H rond*

« J'ai tellement envie d'être jolie pour mon mari et ma petite fille… »

« Il faut que tu retrouves ton sourire Nathalie »

CRISTINA

Comme beaucoup de jeunes mamans, Nathalie se sent perdue. Elle est mal dans sa peau et a du mal à «réapprivoiser» son corps. Elle porte exactement le style de vêtements qui ne lui va pas. Elle a les bras ronds, il ne faut pas les serrer dans des manches ballons. Le col roulé l'engonce, elle devrait plutôt dégager son cou et mettre en valeur sa poitrine. Et puis, il faut qu'elle retrouve le sourire…

Le diagnostic

Les lunettes «discrètes» provoquent l'effet inverse : on ne voit plus que cela !

Les manches ballon accentuent l'épaisseur des bras.

Attention, les tissus en stretch écrasent la poitrine.

Les chaussures pointues accentuent les cuisses un peu fortes.

Les cheveux trop longs tirent le visage vers le bas et cachent le joli cou de Nathalie.

Une forte poitrine nécessite un soutien-gorge approprié.

ON ÉVITE

- *Les manches courtes.*
- *Les cols roulés qui alourdissent le menton.*
- *Les matières moulantes et brillantes qui grossissent.*

ON PRÉFÈRE

- *Les manches longues et amples.*
- *Les décolletés qui dégagent le cou sans être trop échancrés.*
- *Les accessoires audacieux qui dynamisent une tenue simple.*

COIFFURE

On raccourcit les cheveux à la pointe du menton
et on dégage le joli cou de Nathalie.
Pour les cheveux fins, on préfère le carré qui évite
le côté « queue de rat » du dégradé.

Du volume sur les côtés va
harmoniser le visage ovale, long et
étroit avec la carrure.

Une frange courte qui meurt
en mèches permet de rééquilibrer
les volumes du visage, d'agrandir
les yeux et de faire ressortir le regard.

Les reflets dorés donnent mauvaise mine.
On choisit un chocolat foncé qui rehausse le teint.
On assortit les sourcils.

MAQUILLAGE

Un fond de teint satiné et un anti-cernes rosé subliment la carnation male de Nathalie.

On joue sur les ombres pour corriger des yeux trop rapprochés : teinte claire à l'intérieur de la paupière et marron mordoré foncé vers l'extérieur en remontant vers les tempes.

On redessine les lèvres au crayon, on les recouvre d'un gloss beige rosé pour les rendre plus pulpeuses.

Nathalie semble apprécier le début de la métamorphose…

LOOK

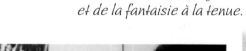

Les accessoires donnent de la gaieté et de la fantaisie à la tenue.

Les formes simples cachent les rondeurs de Nathalie.

Pour un visage allongé, on choisit des lunettes rectangulaires et un peu papillon, qui liftent le regard et corrigent l'effet tombant des yeux de Nathalie.

Le blouson court et cintré structure la taille.

« *Cristina a été une passerelle entre moi et moi !* »

NATHALIE

*C'est incroyable !
Je me regarde, je
sais que c'est moi et
pourtant je n'arrive
pas à y croire tout à
fait. Oui, je me trouve
jolie, même très
jolie ! C'est comme si
Cristina avait lu dans
ma tête, avait réussi
à traduire mes rêves.
Elle a osé ce que je
n'aurais même pas
imaginé. Elle a été
une passerelle entre
moi et moi ! Et puis,
grâce à Cristina, je
crois que je vais enfin
accepter de prendre
du temps pour
moi. Maintenant,
j'attends avec
impatience mon
retour à la maison
pour me voir dans les
yeux de mon mari et
de ma petite fille...*

Nathalie sourit enfin...

Noémie, Paola,
Pascale, Patricia,
Solène, Soraïa,
Stéphanie, Thao,
Wahiba, Zoé...

... et toutes
les femmes sont belles !

NOÉMIE

Comment paraître féminine quand on est l'antithèse de Monica Bellucci ?

Noémie en bref	Ses atouts
• 25 ans	• Sa minceur
• 1 m 70	• De jolies fesses
• Chargée de projet	• De belles jambes
• Célibataire	**Sa morphologie**
	• V

« Je me déteste… Mon idéal de beauté, c'est Monica Bellucci. Et je suis son exact contraire : osseuse, plate, paupières tombantes, lèvres fines, teint pâle… J'aime les fringues, mais j'ai l'impression que rien ne me va. Je voudrais être chic, avoir de l'allure, être capable de mettre autre chose que des pulls à col roulé. D'autant que je travaille dans une société de conseil en bien-être ! »

« Je me déteste !… »

« Quand Noémie montre ses photos à l'équipe ! … »

CRISTINA

Ce que Noémie prend pour des défauts sont en réalité des atouts ! Elle est grande, mince avec de jolies fesses. Il faut la rendre élégante mais sans trop de sophistication. Elle doit privilégier les tailles basses et miser sur son décolleté ! Elle peut aussi mettre ses jambes en valeur. Et surtout garder son naturel qui a beaucoup de charme.

Le diagnostic

Le mascara est obligatoire quand on a des cils pâles !

Les cheveux plats derrière l'oreille sont réservés aux petites filles !

Quand on a de petits seins, on ose les décolletés plongeants.

Avec des bottes on préfère les slims.

ON ÉVITE

- *Les cols montants qui soulignent la mâchoire.*
- *Les talons, aux antipodes de la personnalité de Noémie.*
- *Les épaulettes qui accentuent la carrure.*

ON PRÉFÈRE

- *Les décolletés, sensuels, mais pas sexy.*
- *Les pantalons près du corps qui mettent en valeur les jambes fines de Noémie.*
- *Les petits blousons.*

De petites mèches plus claires vont apporter du relief et de la lumière.

On enlève de la longueur pour alléger, redonner du mouvement à la chevelure et adoucir le bas du visage.

On sèche au diffuseur pour un effet naturel.

Quelques mèches floues sur le front et les tempes mettent les yeux en valeur sans alourdir le visage.

MAQUILLAGE

On redessine les sourcils puis on travaille le teint avec un beige léger.

Un fard clair illumine et agrandit la paupière.

La profondeur du regard est accentuée par un fard brun intemporel posé sur la paupière mobile.

Un crayon contour agrandit la bouche. Un gloss « baby doll » donne du volume aux lèvres.

Jean slim obligatoire quand on a de belles jambes !

On joue le décalage avec un blouson de cuir porté sur un top élégant.

Mais qui est cette Cendrillon un brin godiche ?

Les couleurs chaudes illuminent le visage de Noémie.

*« J'ai eu du mal
à lâcher prise»*

NOÉMIE

*J'ai adoré cette
expérience, même
si elle m'a un peu
stressée. Je suis
quelqu'un qui
aime décider ; j'ai
beaucoup de mal
à lâcher prise. Et
là, il a fallu que
je m'abandonne
totalement aux
mains de Cristina.
Avec le recul, je suis
certaine que c'était
indispensable.
Sinon, je serais
restée dans mes
habitudes. Tous mes
proches ont adoré,
ce qui a contribué
à me convaincre
définitivement. Je
me suis acheté un
jean slim et quelques
hauts dans des tons
marron. Je ne savais
pas que cette couleur
m'allait.*

Gageons que Noémie ne se déteste plus !

PAOLA

Je veux un look « corporate glam' » !

« J'ai besoin d'une révolution ! D'une vraie, qui ne s'efface pas au démaquillant ! Je suis plutôt créative et fantaisiste et je travaille dans l'édition Internet. C'est un milieu qui permet un peu de fantaisie et de glamour. Il me faut de l'aide. Je suis une page raturée de vie, d'émotion et de volonté, mais j'ai besoin d'une main, d'un regard pour mettre tout cela en lumière. **»**

Paola en bref	Ses atouts
• 26 ans	• Une taille marquée
• 1 m 60	• Du caractère et beaucoup de sensualité
• Exécutive manager dans l'édition	**Sa morphologie**
• Célibataire	• 8

« Montre-moi ta taille Paola ... »

« J'ai besoin d'une révolution ! »

CRISTINA

Paola est un joli « 8 » mais son buste est plus long que ses jambes. Il faut rééquilibrer en marquant la taille et en mettant des talons. Elle peut se permettre des robes cintrées à la taille et évasées sur les hanches, ou des robes «trapèze» qui effacent les cuisses un peu fortes. Elle est petite : on préférera donc pour elle la même couleur en haut et en bas, pour éviter de couper la silhouette. Elle a une forte personnalité et est prête à se laisser guider. C'est très agréable...

Le diagnostic

Les lunettes trop présentes font ressortir le menton.

Il faut décolleter davantage pour dégager le port de tête.

Le pull-tunique qui s'arrête en haut des cuisses rétrécit sa jambe.

Le pantalon slim trop court fait ressortir la rondeur des cuisses.

L'épaisseur et la longueur des cheveux déséquilibrent le rapport visage/corps. La tête semble trop importante.

ON ÉVITE

- *Les lunettes qui alourdissent le visage.*
- *Les tailles basses et les pantalons à revers qui raccourcissent les jambes.*
- *Les coupes slim qui grossissent les jambes.*

ON PRÉFÈRE

- *Les robes «trapèze» ou droites, au-dessus du genou.*
- *Les pantalons taille haute et très longs.*
- *Les vestes courtes qui allongent les jambes.*

COIFFURE

Le visage est étouffé par la masse des cheveux. On enlève de la longueur pour dégager le cou et la nuque.

On garde de l'épaisseur sur les côtés pour bien encadrer le visage.

On sèche au diffuseur pour ne pas casser les boucles que la nouvelle coupe a fait revenir.

On insiste sur la pigmentation naturelle du cheveu en appliquant un brun foncé qui apporte de la brillance.

MAQUILLAGE

Un fond de teint crémeux un peu poudré estompe les petites cicatrices de varicelle. Un voile de poudre libre beige clair illumine le teint.

Un fard à paupières rosé irisé est appliqué sur l'arcade.

On exacerbe le côté « porcelaine » de la peau en rehaussant les pommettes d'une touche de blush rose pêche. Les lèvres sont recouvertes d'un gloss rose thé pailleté.

On applique un fard brun noir en ras de cils en haut et en bas, pour un maquillage « semi-charbonneux », idéal pour un look « corporate glamour ».

La petite robe noire « trapèze » féminise et équilibre les proportions de la silhouette.

Le manteau original donne à Paola la touche de fantaisie qu'elle souhaite.

Le maquillage « semi-charbonneux » agrandit l'œil et souligne la profondeur du regard.

Les escarpins rouges vernis ajoutent à la silhouette une touche de pétillant.

« Une expérience... libératrice »

PAOLA

J'ai adoré ce relooking ! Le résultat n'a pas été un choc, mais une bonne surprise. Aujourd'hui encore, j'en ressens les bénéfices. Je mets tous les conseils de Cristina en pratique. J'ai acheté du maquillage, je mets systématiquement des talons avec mes jeans et je porte des tops plus cintrés. Cette expérience a changé beaucoup de choses dans ma tête. Elle a presque été libératrice. Et puis, j'ai adoré la séance de photos. Mon côté ludique a repris le dessus, je me suis vraiment lâchée !

Une jolie femme bien dans sa peau.

PASCALE

Je ne veux plus me reconnaître !

Pascale en bref	Ses atouts
• 38 ans	• De très beaux yeux
• 1 m 66	• Des rondeurs très féminines
• Assistante de direction	**Sa morphologie**
• En couple, un enfant	• 8

« Le regard que je porte sur moi a changé il y a un an à la naissance de mon fils. Je me suis battue pendant cinq ans pour être enceinte. J'ai suivi des traitements médicaux lourds, physiquement et psychologiquement. Je me suis alors rendu compte que j'étais persévérante et que je ne renonçais à rien. Il faut que je continue sur cette lancée, dans cette dynamique de changement. Je vais changer de travail et je veux changer d'image pour correspondre à celle que je suis aujourd'hui. Mais j'ai besoin d'aide car je ne sais pas ce qui me va vraiment. »

« Il faut montrer tes atouts Pascale »

« Je suis dans une dynamique de changement… »

CRISTINA

Ce qui frappe lorsque l'on regarde Pascale, c'est la cacophonie de formes et d'imprimés qui la grossissent. C'est une belle « ronde sexy » qui ne sait pas dévoiler ses atouts. Il faut mettre en valeur son visage, ses jambes et sa poitrine. Elle doit porter des robes, des jupes et des talons qui la féminiseront. Les vêtements doivent être cintrés mais sans marquer les hanches. Et puis, fini le « total look » noir qui éteint complètement son visage !

Le diagnostic

Les pointes de cheveux sont abîmées : pour un effet négligé, c'est réussi !

Le gris cerclé de noir de la tunique donne une mine d'enterrement.

La ceinture, lâche à la taille souligne le ventre.

Que veut-elle cacher avec une telle longueur ?

La superposition jupe/tunique donne du volume là où il n'en faut pas.

ON ÉVITE

- *Les couleurs ternes près du visage.*
- *Les longueurs qui cachent les jambes.*
- *Les tenues informes qui grossissent.*

ON PRÉFÈRE

- *Les tuniques aux couleurs sourdes (vert kaki, prune) qui mettent les yeux verts en valeur.*
- *Les talons.*
- *Les blouses qui couvrent les bras potelés et allègent le buste.*

On coupe les pointes trop effilées pour retrouver de la matière et du poids.

On couvre le front pour mettre en valeur les yeux et la bouche.

Les cheveux ont un beau tombé ; Pascale a retrouvé son port de tête et beaucoup d'élégance.

Halte au cuivré qui gâche le teint ! Une couleur plus foncée et brillante va redonner toute sa luminosité au visage.

MAQUILLAGE

Un fond de teint lumineux couplé avec un anti-cernes réveille le visage de Pascale.

L'arcade un peu lourde tombe sur la paupière mobile. On corrige cet effet en étirant le fard vers le sourcil. On souligne le regard d'un trait de crayon prune irisé.

On dessine le dessous de l'œil avec le même crayon prune, une couleur complémentaire du vert, idéale pour mettre en valeur les yeux de Pascale.

La bouche est bien dessinée et très rouge. On applique juste un rouge à lèvres naturel que l'on recouvre d'un gloss rosé.

Parmi toutes ces chaussures, que va choisir la très classique Pascale ?… Les plus audacieuses !

La robe taille Empire enrobe la silhouette et met en valeur le décolleté.

« C'est moi cette belle brune aux yeux verts ? »

Le vert de la veste et le collier multicolore dynamisent le visage.

« Un grand moment de plaisir... »

PASCALE

Ma façon de me percevoir a été complètement chamboulée par ce relooking ! Ça a été un grand moment de plaisir, qui se prolonge. Je suis les conseils de Cristina : robes, talons, maquillage… Quand mon mari m'a vue, il s'est écrié : « C'est super ; je vide ton armoire… pantalons et jeans à la poubelle ! » C'est drôle, mais cette expérience correspond dans ma vie professionnelle à un changement de boulot. J'ai eu, en effet, un nouveau poste peu de temps après…

Quand Pascale ne se reconnaît plus …

PATRICIA

SOS pré-ménopause !
Je ne me reconnais plus.

« En un an, je suis passée de l'état de « jeune femme » à celui de « femme mûre ». Je suis en pré-ménopause et tout a changé : ma silhouette, mon visage, mes cheveux…
J'ai l'impression de ne ressembler à rien, d'être un sac. Alors que dans ma tête, j'ai toujours 15 ans ! J'ai besoin d'un regard extérieur et de conseils professionnels pour me sentir moins moche et me reconstruire. **»**

Patricia en bref	Ses atouts
• 49 ans	• De très jolies jambes
• 1 m 65	• De beaux yeux bleus
• Assistante juridique	**Sa morphologie**
• Célibataire	• H

« J'ai l'impression de ne ressembler à rien, d'être un sac… »

« Il faut arrêter de se cacher Patricia »

CRISTINA

Patricia fait le contraire de ce qu'elle devrait faire. Elle cache ses très jolies jambes dans un pantalon trop classique et trop large, et accentue son buste avec des couleurs qui l'engloutissent. Elle devrait porter des robes droites de couleur sobre, agrémentées d'accessoires. Et dégager son cou pour mettre en valeur son visage et ses yeux magnifiques.

Le diagnostic

La coupe de cheveux sans structure donne une allure négligée et l'air fatigué.

Le rose pâle grossit et affadit.

Une tenue composée de deux couleurs contrastées tasse.

Le pantalon masque les jambes. Pourquoi ?

Un brin de talon est indispensable pour dynamiser la silhouette.

ON ÉVITE

- Les hauts imprimés qui alourdissent le buste.
- Les vêtements amples et lourds qui grossissent.
- Les tops en stretch.
- Les matières synthétiques quand on a des bouffées de chaleur.

ON PRÉFÈRE

- Les formes droites qui structurent la silhouette.
- Les étoffes fluides.
- Les décolletés qui dégagent le cou.

On sculpte les cheveux pour leur redonner du volume et du mouvement.

Les côtés sont trop longs et tirent le visage vers le bas.

On choisit une couleur homogène, naturelle, élégante et lumineuse.

Les sourcils sont redessinés pour une mise en valeur des jolis yeux bleus.

MAQUILLAGE

Un anti-cernes beige clair gomme les petites rougeurs. La peau très fine de Patricia est matifiée avec un nuage de poudre libre. Les pommettes sont rehaussées d'une touche de blush bois-de-rose pâle.

La paupière mobile est recouverte d'un dégradé de fards rose tendre (à l'intérieur) et gris rosé très doux (à l'extérieur).

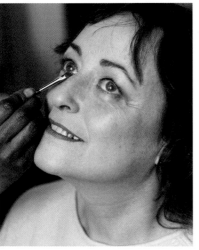

Le regard est souligné d'un trait de crayon posé au ras des cils, chocolat en haut et gris satiné en bas. Les cils étant clairs, on insiste sur le mascara.

Le rose violine très fruité du rouge à lèvres transparent met en valeur le bleu des yeux.

Le décolleté dégage le cou et le Lurex apporte de la lumière au visage.

La robe droite et monochrome donne de l'allant à la silhouette.

La coupe et le maquillage ont réveillé la beauté de Patricia.

Le collier est indispensable pour égayer et structurer la robe fluide.

*« Oh la la,
la vache,
c'est super ! »*

PATRICIA

*Passé le choc de
la découverte, les
« oh la vache ! »
et les « ah c'est
super ! », Patricia
s'est regardée en
détail. Elle n'aurait
jamais eu l'idée de
montrer ses jambes
qui sont pourtant
l'un de ses atouts.
Elle en est désormais
convaincue.
Beaucoup mieux
dans sa peau, elle
joue avec sa nouvelle
tenue qui, tout en
étant confortable,
réveille son élégance
et sa féminité.
Séduite par le gros
bracelet et le collier,
elle est décidée à
aller chercher au
grenier les bijoux
qu'elle y a stockés il
y a de nombreuses
années…*

Patricia, réconciliée avec son corps.

SOLÈNE

Je veux être sexy…
pas vulgaire.

>> Je n'ai jamais changé de look. J'adore mes cheveux mais je ne sais pas quelle coupe me conviendrait. J'ai osé une fois un petit dégradé, mais c'est tout… Côté corps, j'ai une poitrine généreuse qui focalise tous les regards ! Être sexy et remarquée ne me dérange pas, mais je préférerais qu'on me regarde parce je suis belle et non parce que j'ai des gros seins ! Je voudrais être plus classe, moins midinette… >>

Solène en bref	Ses atouts
• 26 ans	• Des cheveux magnifiques
• 1 m 70	• Des formes pulpeuses
• Chargée de communication à la SNCF	**Sa morphologie**
• Célibataire	• 8

« Il faut focaliser l'attention sur ton visage… »

« Je voudrais être plus classe… »

CRISTINA

Solène est naturellement sexy ; pas besoin d'en rajouter des tonnes ! Il faut qu'elle mise sur sa sensualité, qui évite tout dérapage vers la vulgarité. La façon dont elle s'habille et se coiffe focalise les regards vers ses seins ! On oublie le visage. Plus de tissus brillants, de gros motifs, de froufrous… il faut qu'elle porte des hauts sobres, mats, des couleurs d'automne (orangé, vert feuille morte…) ou même du bleu foncé.

Le diagnostic

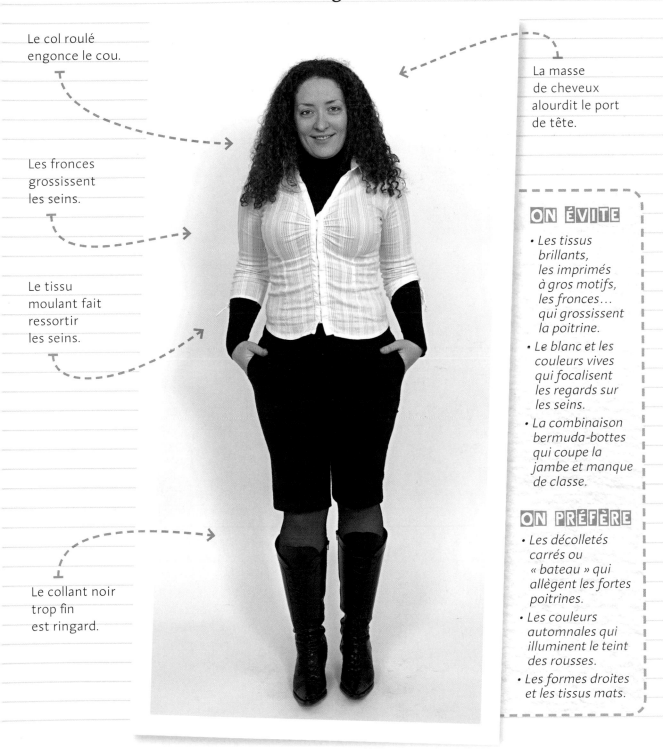

Le col roulé engonce le cou.

Les fronces grossissent les seins.

Le tissu moulant fait ressortir les seins.

Le collant noir trop fin est ringard.

La masse de cheveux alourdit le port de tête.

ON ÉVITE

- *Les tissus brillants, les imprimés à gros motifs, les fronces… qui grossissent la poitrine.*
- *Le blanc et les couleurs vives qui focalisent les regards sur les seins.*
- *La combinaison bermuda-bottes qui coupe la jambe et manque de classe.*

ON PRÉFÈRE

- *Les décolletés carrés ou « bateau » qui allègent les fortes poitrines.*
- *Les couleurs automnales qui illuminent le teint des rousses.*
- *Les formes droites et les tissus mats.*

*La longueur
allonge
le visage
et alourdit
le buste.*

*On coupe
à hauteur
des épaules
pour
dégager les
épaules
et alléger
le buste.*

*On sculpte quelques mèches sur le front,
sans donner de volume pour ne pas allonger
davantage le visage.*

*Pour équilibrer les volumes de la
silhouette et éviter un effet « petite tête »,
on crée du volume sur les côtés.*

MAQUILLAGE

*Après avoir bien hydraté la peau,
on pose quelques touches d'anti-cernes
fluide que l'on étire sur tout le visage.*

*Les fards brun orangé font ressortir
le vert des yeux. On les travaille en halo
pour plus de naturel.*

*Un voile
de blush
rosé
satiné
illumine
le teint
et le
regard.*

*Pour une bouche sensuelle, plus que sexy,
on pose un beige rosé proche de la couleur
naturelle des lèvres de Solène.*

La poitrine est mise en valeur sans vulgarité.

La star c'est Solène, pas ses seins !

La coupe a redynamisé le visage et le regard.

Une petite balade entre copines pour fêter la métamorphose !...

« Ça a été radical ! »

SOLÈNE

Quand je me suis regardée, j'avais l'impression que ce n'était pas ma peau ! Je n'arrivais pas à me reconnaître… J'avais très envie de changer… Ça a été radical ! Le jour même j'ai aimé, mais le lendemain, j'étais un peu déprimée. J'ai vu des amis qui ont adoré… L'un a trouvé que je faisais métisse, l'autre que je ressemblais à une « bomba » ! Je suis les conseils de Cristina et je me maquille tous les jours. Du coup, les hommes me regardent… ça me plaît assez !

Solène est désormais convaincue qu'on peut être sexy sans être vulgaire…

SORAÏA

Surveillante de prison, femme aussi…Comment concilier ses deux vies ?

Soraïa en bref	Ses atouts
• 28 ans	• Très bien faite
• 1 m 62	• De jolis yeux
• Surveillante pénitentiaire	**Sa morphologie**
• En couple	• X

« Je ne sais pas quoi faire de moi !… Je travaille dans une prison ; je passe donc mes journées en uniforme. Et durant mes temps de loisirs, je fais du sport … en jogging ! Avec une vie pareille, pas facile de montrer sa féminité ! Alors je m'habille classique… Pourtant j'adore les jupes, les robes et les talons. Heureusement que mon compagnon m'aide. Récemment il a fait le tri dans ma garde-robe et m'a emmenée faire du shopping ! »

« Je passe mes journées en uniforme… »

« Tu es super bien fichue Soraïa ! »

CRISTINA

C'est drôle, Soraïa a l'impression d'être classique parce qu'elle porte des jeans et des baskets. J'appellerais plutôt ça des tenues décontractées. On dirait que c'est une jeune fille qui voudrait être branchée mais qui ne sait pas comment faire. Le tee-shirt court qui laisse voir le ventre, c'est ringard… Et puis avec des jambes pareilles, il faut choisir des formes slim…

Le diagnostic

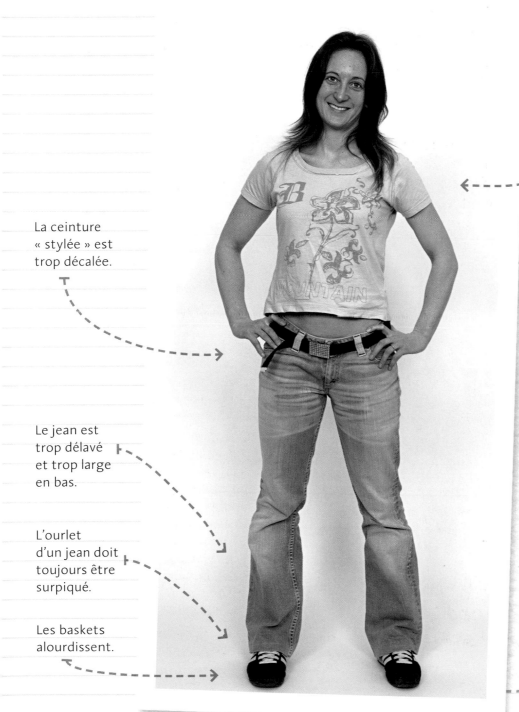

Le beige
ne flatte pas
le teint.

La ceinture
« stylée » est
trop décalée.

Le jean est
trop délavé
et trop large
en bas.

L'ourlet
d'un jean doit
toujours être
surpiqué.

Les baskets
alourdissent.

ON ÉVITE

- Le jean délavé et détendu qui donne une allure négligée.
- Les couleurs ternes qui éteignent le teint.
- Les tops trop courts, totalement démodés.

ON PRÉFÈRE

- Les jeans slims qui mettent en valeur les jambes musclées.
- Les décolletés profonds, toujours jolis sur une petite poitrine.
- Les chaussures à talons.

Une base carrée courte et plongeante va dégager le port de tête.

Une frange mi-longue diminue la longueur du visage et met les yeux en valeur.

On sculpte les côtés afin de rééquilibrer les volumes du nez et du menton.

On colore les cheveux en roux foncé pour faire ressortir le teint et les yeux.

MAQUILLAGE

Un fond de teint fluide un peu rosé unifie
le teint tout en gardant sa transparence.

On réchauffe le regard avec
une poudre brun roux que l'on étire
vers l'extérieur pour agrandir l'œil.

Une poudre légèrement irisée affine le nez et
rééquilibre les volumes du visage.

Pour repulper la bouche, on pose un trait de crayon
bois-de-rose en marquant l'« arc de Cupidon ».
On dégrade vers l'intérieur puis on couvre d'un gloss.

LOOK

L'accessoire « tour de cou » est peut-être en trop, non ?

Jolie coupe pour une jolie nuque et des jolies épaules !

On n'hésite pas à ouvrir grand les cols.

Un petit blouson de cuir pour réchauffer la chemise...

« *C'est unique et inoubliable* »

SORAÏA

Ça m'a plu tout de suite. Et à mon entourage aussi… même certains détenus m'ont fait des remarques sympa !… Du coup je suis allée m'acheter un jean slim et je fais beaucoup plus attention à moi… Je me maquille comme on me l'a conseillé, moins et mieux ! Quant à la coiffure, elle se replace toute seule, c'est super pratique. Je me sens beaucoup plus féminine sous mon uniforme ! Une journée de relooking, c'est unique et inoubliable. On est la star de la journée ! Presque comme le jour de son mariage !

Qui devinerait la profession de Soraïa ?

STÉPHANIE

Je suis fantaisiste et je veux que ça se voie !

« J'exerce un métier créatif. Je pourrais donc avoir un look un peu décalé qui correspondrait d'ailleurs à ma personnalité extravertie. Mais depuis que j'ai arrêté de fumer, j'ai pris une dizaine de kilos. Alors je me cache sous des vêtements sobres et sombres. Je ne suis plus en phase ni avec moi-même ni avec ma profession. Je me vois plutôt pétillante, coquine, genre *sexy girl* qui ne se prend pas au sérieux ! »

Stéphanie en bref

- 38 ans
- 1 m 73
- Designer d'objets
- En couple

Ses atouts

- Un corps bien proportionné
- De la fantaisie et de la curiosité

Sa morphologie

- entre 8 et H

« Je ne suis plus en phase ni avec moi-même ni avec ma profession. »

« Le stretch fait ressortir le ventre, Stéphanie »

CRISTINA

Stéphanie a un peu de ventre. C'est dommage, il faudrait qu'elle fasse des abdos. En revanche elle a une très belle poitrine qu'il faut dégager et de jolies jambes qu'elle doit montrer. D'accord pour les jupes, mais au-dessus du genou ! Côté maquillage elle a tout faux ! Elle ne travaille pas son teint et force trop sur les yeux. Ce qui lui donne mauvaise mine.

Le diagnostic

La coupe de cheveux fait ressortir la mâchoire.

Le rouge à lèvres vif et mat rapetisse les lèvres et durcit le visage.

La matière épaisse du pull-tunique alourdit la silhouette.

La superposition pull/jupe rapetisse les jambes.

ON ÉVITE

- *Les tops moulants qui font ressortir le ventre.*
- *Les pantalons taille basse qui marquent les bourrelets.*
- *Les tenues trop sobres en total décalage avec la personnalité de Stéphanie.*

ON PRÉFÈRE

- *Les pantalons taille haute ou intermédiaire.*
- *Les matières fluides.*
- *Les longues vestes.*

*Les cheveux, trop longs, durcissent le visage.
On coupe en donnant du mouvement et du volume sur
les côtés du visage.*

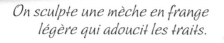

*On sculpte une mèche en frange
légère qui adoucit les traits.*

*On retire la couleur cuivrée qui ternit le teint
et on la remplace par des mèches «blond
foncé» qui illuminent.*

*Les sourcils, redessinés, sont
teints dans la couleur des cheveux
pour un côté très naturel.*

MAQUILLAGE

Un fond de teint rosé illumine et adoucit les traits de Stéphanie. On le rehausse d'une touche de blush pêche.

La paupière est recouverte d'un fard beige irisé qui apporte de la lumière. Un trait de crayon khôl prune à l'intérieur de la paupière inférieure dynamise le bleu-vert des yeux.

Le mascara posé en étirant vers l'extérieur agrandit l'œil.

Les lèvres étant fines, on dégrade sur toute la lèvre le trait de crayon contour. Puis on le recouvre d'un gloss prune.

La silhouette de Stéphanie a retrouvé
son allant.

Le manteau
3/4
apporte
une touche
d'élégance
et de
fantaisie.

La tunique fluide dessine joliment
le buste sans le mouler.

La coupe et le maquillage adoucissent
les traits et soulignent le regard.

*« Au début j'ai eu
du mal… »*

STÉPHANIE

*Le résultat m'a
laissée perplexe !
J'ai d'abord eu du
mal avec la coupe.
Et finalement j'aime
bien. Je la garde. J'ai
juste fait une couleur
pour me « refoncer »
un peu les cheveux.
Je trouve que le
maquillage marque
mes rides, mais
bon… En revanche,
j'ai refait entièrement
ma garde-robe.
J'avais besoin de
cette expérience pour
oser des choses plus
originales. Je viens de
m'acheter une veste
d'homme avec de
grandes ailes dans le
dos ! Je crois que ce
relooking m'a servi
à assumer ce que
j'avais au fond de
moi…*

De la fantaisie et de l'élégance… c'est tout Stéphanie, ça ! …

THAO

Marre qu'on me prenne pour la copine de classe de mes élèves !

Thao en bref	Ses atouts
• 28 ans	• Parfaite !!
• 1 m 55	### Sa morphologie
• Professeur de sociolinguistique et de français en université	• H
• Mariée, un enfant	

« Faire jeune n'est pas toujours un avantage ! On me prend souvent pour la grande sœur ou la nounou de mon fils de deux ans et demi. Une fois, c'est drôle mais à force, c'est énervant ! Et en début d'année, quand j'entre en salle de classe, les étudiants mettent un certain moment avant de comprendre que je suis la prof ! Pourtant je m'habille très austère pour me vieillir, mais il faut croire que ça ne marche pas ! J'aimerais qu'on m'aide à trouver un style plus femme, moins ado… **»**

« On me prend pour la grande

sœur de mon fils !… »

« Je ne vais quand même pas faire de toi une vieille femme !… »

CRISTINA

Thao est magnifique… Il faut juste lui donner un peu de caractère pour qu'elle devienne ce qu'elle veut devenir : une femme ! Out les jeans et les baskets ! Ensemble en tout cas. Si elle veut porter un jean, qu'elle mette des talons ! Pour elle, l'idéal, c'est de mêler vêtements intemporels (un jean, une petite jupe…) et décontractés. Ce qui lui permettra de faire plus femme sans tomber dans la sophistication extrême.

Le diagnostic

Les cheveux effilés, c'est pour les lycéennes !

Il faut oser les vrais décolletés.

Le noir plombe le teint de Thao.

Le bas du pull est trop ample.

Baskets + jeans = je ressemble à mes élèves !

ON ÉVITE

- *Les chaussures plates quand on est petite.*
- *Le total look noir, qui cache le corps et ternit le teint.*
- *Le total look sportswear.*

ON PRÉFÈRE

- *Lesjeans et les pantalons taille basse.*
- *Les tops et les vestes légèrement cintrés qui donne l'illusion que l'on a une taille.*
- *Les couleurs froides (bleu, rose, vert).*

On ôte l'effilage afin de retrouver une matière dense et sensuelle.

Une longueur à l'épaule apporte élégance et dynamisme au visage et à la silhouette.

Une mèche légère sur le front sublime le regard.

On récupère la couleur naturelle, plus brillante et plus chic !

MAQUILLAGE

On applique une base légèrement rosée et un blush dans les mêmes tons, pour casser le côté très jaune de la peau.

On travaille la paupière en halo et vers l'extérieur avec des fards bruns.

Un trait de crayon khôl noir à l'intérieur de l'œil intensifie le regard.

On pose un trait de crayon prune en insistant sur l'extérieur des lèvres puis on applique un gloss de la même couleur qui souligne la forme en cœur de la bouche.

LOOK

Prête Thao ?

Étonnée... et ravie...

... autant que monsieur !

*Professeure
ou poupée de porcelaine ?*

« Une réussite
complète »

THAO

J'avais le cœur qui
battait à cent à
l'heure quand je me
suis découverte.
C'était génial, une
réussite complète.
Quand je suis sortie
avec mon mari,
j'avais l'impression
que les gens me
regardaient. Ça m'a
bien plu !... Des
collègues m'ont
trouvée vieillie, ce
qui m'a ravie ! Je me
suis même permis
de leur expliquer
deux ou trois petites
choses en matière
de maquillage et
d'habillement. Ce qui
m'a le plus marquée,
c'est qu'il faut éviter
le total look ! Et puis
mon petit garçon a
aimé aussi. Il voulait
absolument toucher
le rouge à lèvres !

Madame la professeure dans toute sa splendeur !

WAHIBA

Je ne veux plus faire étudiante « attardée ».

Wahiba en bref	Ses atouts
• 30 ans	• Une longue silhouette
• 1 m 80	• De très belles jambes
• Professeure d'histoire en lycée	• De jolis cheveux brillants
• Célibataire	**Sa morphologie**
	• A

« Il y a quelque temps, je classais des photos personnelles, lorsque j'ai eu une révélation ! À 30 ans, je m'habille comme à 15 ans ou à 20 ans. À part quelques révolutions capillaires, finalement peu extraordinaires, j'ai le même look depuis quinze ans. Ce qui fait que je m'habille comme mes élèves ! Je suis enseignante dans un lycée professionnel de banlieue. Il faut que je me sente bien dans mes vêtements mais j'aimerais être un peu plus originale … »

« Il faut oublier les tops trop moulants Wahiba ! »

« Je m'habille comme mes élèves… »

CRISTINA

Wahiba n'aime pas ses petits bourrelets, et elle fait tout pour les mettre en valeur ! Il faut qu'elle porte des pulls moins moulants. Je dois aussi la convaincre que des vêtements féminins peuvent être confortables. Car dans son métier, il est important de se sentir à l'aise. Une blouse longue par exemple, c'est féminin et confortable… Portée avec des leggings, cela mettrait ses longues jambes en valeur…

Le diagnostic

Le décolleté c'est bien, mais avec une poitrine plantureuse, le décolleté carré est encore mieux.

Le noir en ras de cils inférieurs accentue le côté « tombant des yeux ».

Le pull est trop moulant et marque les petites poignées d'amour. Le gris est une couleur trop terne pour une peau mate.

La taille du jean, trop basse, fait ressortir les bourrelets.

Les longues jambes ne sont pas mises en valeur.

ON ÉVITE

- *Les hauts en lycra ou trop moulants qui soulignent les poignées d'amour.*
- *Les jeans, pantalons et jupes « taille basse » qui coupent la silhouette et accentuent les rondeurs du ventre.*

ON PRÉFÈRE

- *Les blouses et les chemises qui féminisent subtilement.*
- *Les pantalons taille haute ou intermédiaire qui galbent le ventre et accentuent les tailles discrètes.*

On raccourcit les cheveux pour gommer la longueur du visage.

On crée du volume pour étoffer le visage et éviter l'effet « petite tête » sur grand corps.

L'arcade des sourcils est très accentuée. On coupe une frange pour qu'ils ressortent moins.

On ne touche pas à la couleur naturelle qui est belle et brillante.

MAQUILLAGE

Pour ne pas recouvrir les jolies taches de rousseur, on utilise un fond de teint très fluide à base d'eau.

On corrige le « tombant » des yeux en insistant sur le coin externe de la paupière mobile avec un fard brun-gris.

On souligne le teint naturellement très frais d'un léger voile de blush naturel.

L'accent étant mis sur les yeux, on travaille peu la bouche. Juste une touche de brillant légèrement coloré, pour des lèvres pulpeuses…

Pas mal, mais on peut trouver mieux !

Une robe taille Empire, c'est top mais le décolleté est un peu trop échancré pour le lycée.

Voilà qui semble beaucoup plus adapté !

Et la petite veste féminise sans trop sophistiquer.

« *J'apprécie enfin mes jambes !* »

WAHIBA

J'ai eu tout de suite un problème avec la coupe. J'aime bien la frange mais je trouve que les côtés sont trop courts. C'est trop sophistiqué pour moi. En revanche, j'aime beaucoup la tenue et le maquillage. Quand je regarde ma photo « d'avant », je me rends compte que je mettais en valeur ce qui ne me plaisait pas, et que je cachais mes atouts. C'est important de pouvoir changer le regard que l'on pose sur soi-même. Ce relooking m'y a beaucoup aidée. Je crois que je vais enfin apprécier mes bras et mes jambes !

Pas mal, la prof, non ?

ZOÉ

Je veux réapprendre à séduire…

« J'ai divorcé après sept ans de vie commune. Mon mari m'avait connue très mince. J'ai beaucoup grossi quand j'étais enceinte. Et je n'ai jamais retrouvé ma ligne, ce qui ne plaisait pas à mon ex-mari. Ses réflexions ont quand même semé le trouble dans mon esprit. Est-ce que mes kilos m'ont retiré tout mon pouvoir de séduction ? Comment faire pour arriver à me mettre un peu plus en avant ? J'ai besoin d'un regard bienveillant qui m'aide à me sentir mieux dans ma peau. **»**

Zoé en bref	Ses atouts
• 31 ans	• De jolies jambes
• 1 m 75	• Du caractère
• Acheteuse	**Sa morphologie**
• Divorcée, un enfant	• A

« Mes kilos m'ont-ils enlevé mon pouvoir
de séduction ? »

« Il va falloir revoir toute la garde-robe, Zoé !... »

CRISTINA

Zoé s'habille à l'envers ! Avec sa morphologie, on garde les couleurs foncées pour le bas et les claires pour le haut. Les pantalons doivent être droits et légèrement évasés en bas pour ne pas marquer les cuisses. Elle a de jolies jambes et devrait privilégier les robes et les jupes. Pour séduire, il faut être chic, avoir un look intemporel. Je la vois bien avec une robe-chemisier. C'est un basique sobre qui apporte sensualité et fraîcheur à l'allure…

Le diagnostic

Le col roulé
foncé
engonce.

Trois boucles
d'oreille, passé
15 ans, ce n'est
plus possible !

Le soutien-
gorge est trop
petit. Il écrase
la poitrine.

Le pull moulant
et court fait
ressortir
le ventre
et les hanches.

Le jean clair
et taille haute
prononce
la rondeur
des cuisses.

ON ÉVITE

• *Les matières
stretch qui
épousent
les rondeurs.*

• *Les pantacourts
ou les jeans
rentrés dans
les bottes,
qui coupent
les jambes et
font ressortir
les cuisses.*

ON PRÉFÈRE

• *Les formes
vaporeuses qui
dévoilent le cou
et le décolleté.*

• *Les pantalons
droits à taille
intermédiaire (ni
trop basse ni trop
haute) qui lissent
les hanches.*

• *Les robes évasées
qui amincissent les
hanches.*

*La longueur alourdit le bas du visage.
On opte pour une nuque courte.*

*On ouvre les côtés du visage pour
le dynamiser et le moderniser.*

*Le front est dégagé pour mettre
les yeux en valeur.*

*Des reflets blonds sur les
pointes illuminent le teint et
subliment le regard.*

MAQUILLAGE

Pour gommer les petites rougeurs on choisit un fond de teint beige.

Le camaïeu de fards bruns chauds réveille le bleu de l'œil et s'harmonise parfaitement avec la couleur des cheveux.

On modèle les pommettes avec une poudre dorée. On en pose une touche sous le menton pour gommer le double menton naissant.

Après en avoir redessiné le contour avec un crayon prune, on recouvre les lèvres d'un rouge irisé de couleur prune.

La robe chemisier élance la silhouette.

Le collier apporte une touche de fantaisie et de couleur.

Je me plais vraiment !

Merci Cristina !

« *Mon nez paraît plus petit !* »

ZOÉ

Je n'ai eu que des réactions positives. Plusieurs personnes m'ont fait remarquer que mon nez paraissait plus petit avec ma nouvelle coupe ! J'ai fait un premier tri dans mes vêtements en éliminant ce qui n'allait vraiment pas. Et maintenant quand je vais dans les magasins, je réfléchis autrement… Je pense aux conseils de Cristina… Côté maquillage, j'insiste beaucoup plus qu'avant sur la bouche. Finalement, je regrette de ne pas m'être prise en mains plus tôt ! Ce relooking me renvoie une image positive de moi-même.

Zoé est-elle enfin convaincue qu'elle est séduisante ?

Les conseils de Cristina

À votre tour de changer de look ! Dans les pages qui suivent, Cristina vous livre des conseils et des petits trucs qui vous aideront à vous prendre en mains, à mettre en valeur vos atouts naturels et à vous composer une garde-robe idéale.

Forte de ces recommandations et de votre bon sens naturel, vous devriez rapidement frôler la perfection ! Dans tous les cas, n'hésitez pas à vous faire du bien. Et maintenant… à vous de jouer !

Les morphologies

On classe les diverses morphologies féminines en figures-types : A-V- H- 8- X- O. Ce chapitre vous aidera à découvrir votre type de morphologie et les coupes de vêtements qui vont avec. Ce sont des généralités, pour des silhouettes dans la moyenne, c'est-à-dire ni trop maigres, ni trop grosses. Si vous êtes très enrobée, consultez la morphologie «O». Dans tous les cas, faites confiance à votre bon sens !

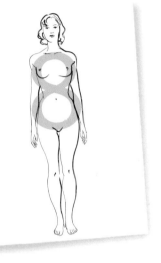

Vous êtes « 8 »

- Vous êtes l'idéal féminin.
- Vos épaules joliment arrondies sont dans l'alignement de vos hanches aux courbes parfaites.
- Votre taille est marquée : pensez à la souligner.
- Vous pouvez tout vous permettre.

On évite tout de même

- Les jupes plissées qui épaississent les hanches.
- Les coupes droites ou trop amples qui cachent vos formes.
- Les vestes très épaulées, les tuniques bouffantes et les pantalons très larges qui déséquilibrent votre silhouette.
- Les tailles « Empire » qui masquent vos courbes.

On préfère par-dessus tout

- Toutes les tenues ceinturées ou cintrées qui mettent votre taille et vos formes en valeur.
- Les étoffes fluides qui se coulent dans les mouvements du corps.
- Les formes cache-cœur pour les tops et les robes.
- Les jupes évasées.
- Les robes cintrées qui épousent votre silhouette.
- Les vestes et les manteaux cintrés.

Comme :
- *Annie, page 32*
- *Hélène, page 100*
- *Isabelle, page 106*
- *Martine, page 150*
- *Paola, page 206*
- *Pascale, page 212*
- *Solène, page 224*
- *Stéphanie, page 236*

Comme :
- *Audrey, page 38*
- *Fabienne, page 82*
- *Franciane, page 88*
- *Marie, page 130*
- *Mathilde, page 156*
- *Soraïa, page 230*

Vous êtes « X »

- Un peu moins « arrondie » que la femme « 8 », vous êtes toutefois proche de l'idéal féminin.
- Vos épaules sont dans l'alignement de vos hanches et votre taille est fine.
- Vous êtes généralement mince, grande, musclée, et pour quelques-unes d'entre vous un peu « anguleuse ». Vous avez peu de poitrine. Dans l'ensemble, tout vous va…

On évite tout de même

- Les pulls moulants à cols roulés et de couleurs sombres qui écrasent la poitrine et marquent l'ossature.

On préfère par-dessus tout

- Les décolletés plongeants qui apportent une féminité toute sensuelle !
- La brillance, les couleurs, les imprimés qui apportent du volume.
- Les formes fluides qui épousent le corps en lui donnant de la rondeur.
- Un brin de sophistication qui féminise votre silhouette en jouant sur les accessoires par exemple.
- Les minijupes portées avec des bottes et des collants opaques. Si vos jambes sont fines, osez la couleur et les résilles qui réveillent un total look noir par exemple.
- Les jupes droites, évasées ou boules.
- Les vestes et les manteaux cintrés.

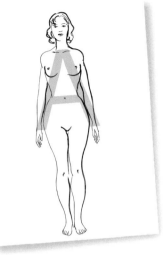

Comme :
- *Éléna, page 56*
- *Évelyne, page 76*
- *Marie-Cécile, page 138*
- *Monia, page 168*
- *Wahiba, page 248*
- *Zoé, page 254*

Vous êtes « A »

- Vous symbolisez la fertilité !
- Votre carrure est plus étroite que vos hanches.
- Votre silhouette s'élargit de haut en bas, comme une pyramide.
- Vous êtes « A » si votre taille de pantalon est supérieure à votre taille de veste.

On évite

- Les rayures horizontales en bas. Si vous craquez pour les rayures, portez-les en haut.
- Les tops moulants portés avec un pantalon large.
- Les hauts qui s'arrêtent à l'endroit le plus large des hanches.
- Les pantalons à pinces et à poches latérales.
- Le total look trop moulant ou trop large.
- Les jupes plissées.

On préfère

- Focaliser l'attention sur le haut.
- Les couleurs près du visage.
- Les tops à motifs, colorés, près du corps sans être moulants surtout si le pantalon l'est.
- Les décolletés en V, bien échancrés si votre poitrine n'est pas trop généreuse.
- Les décolletés « bateau » qui élargissent les épaules.
- Les cols larges qui habillent les épaules.
- Les robes « trapèze ».
- Les jupes évasées ou «trapèze» qui masquent la largeur des hanches.
- Les pantalons droits ou légèrement évasés, sans pinces ni poches latérales, et qui ne moulent pas les hanches. Si possible coupés dans des tissus fluides.
- Les vestes un peu épaulées pour harmoniser largeur des épaules et des hanches.
- Les talons qui élancent le bas du corps.

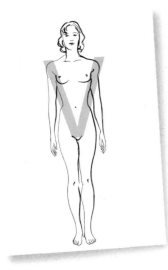

Comme :
* *Élisa, page 62*
* *Marion, page 144*
* *Noémie, page 200*

Vous êtes « V »

* Toute en muscle, vous êtes une sportive !
* Votre carrure est plus large que vos hanches.
* Votre taille de veste est supérieure à votre taille de pantalon.

On évite

* Les vestes épaulées
* Les tops à rayures horizontales qui élargissent les épaules
* Les encolures « bateau »
* Les emmanchures américaines qui font ressortir la carrure.
* Les hauts moulants et courts qui focalisent les regards sur le buste.
* Les capuches qui attirent l'attention sur les épaules.
* Les grosses doudounes.

On préfère

* Les pantalons taille basse, avec poches latérales.
* Les baggys.
* Les jupes droites.
* Les trenchs, vestes et manteaux cintrés pour féminiser.
* Les tuniques fluides, fines et féminines.

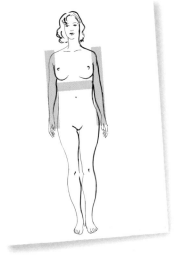

Comme :
- *Amandine, page 14*
- *Anaïs, page 20*
- *Annabelle, page 26*
- *Charlotte, page 50*
- *Habiba, page 94*
- *Lorena, page 124*
- *Maud, page 162*
- *Mounia, page 174*
- *Nadia, page 186*
- *Nathalie, page 192*
- *Patricia, page 218*
- *Thao, page 242*

Vous êtes « H »

- Vos épaules, votre taille et vos hanches sont dans le même alignement.
- Vous êtes longiligne et votre taille est très peu marquée.

On évite :

- Les formes cache-cœur et trop cintrées qui soulignent l'absence de taille.
- Les formes trop amples qui élargissent la silhouette.
- Les jupes évasées.

On préfère :

- Les formes droites, près du corps, sans être moulantes.
- Les tuniques et les robes « taille Empire », qui mettent votre poitrine en valeur.
- Les jolis décolletés, plongeants si votre poitrine est menue.
- Les chemisiers et les tops en maille.
- Les pantalons droits et taille basse.
- Les jupes droites.
- Les vestes légèrement cintrées qui donnent l'impression qu'on a une taille.
- Les manteaux cintrés mais sans ceinture.
- Les ceintures tombant sur les hanches.

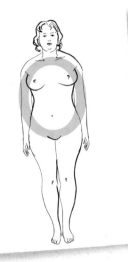

Comme :
- *Jessica, page 112*
- *Leïa, page 118*
- *Nadeya, page 180*

Vous êtes « O »

Vous êtes ronde et vous vous lamentez souvent : « Pas facile de s'habiller tendance quand on ne correspond pas exactement aux modèles des magazines ! » Mais si, il suffit d'un peu de jugeote et de quelques bons conseils !

Principes de base :

- Le noir et les couleurs sombres diminuent les volumes et masquent les rondeurs. Toutefois, le blanc et les couleurs claires ne sont pas proscrits, à condition d'opter pour une tenue monochrome (blanc de la tête aux pieds par exemple), qui allonge la silhouette. Si vous optez pour du sombre, égayez votre tenue par de petites touches de couleurs (chaussures, accessoires...)
- Un pantalon ou une jupe sombre affine et attire l'attention sur le buste. Choisissez des tissus mats. Les collants doivent impérativement être sombres et opaques.
- Mettez toujours en valeur le haut de votre corps en osant les décolletés et les gros accessoires en harmonie avec votre morphologie. Une petite broche sur votre poitrine exacerbera votre corpulence alors qu'une grosse fleur par exemple, s'accordera avec elle.
- Portez des vêtements à votre taille. Les vêtements trop larges ou trop moulants ne cachent pas les rondeurs.
- Préférez les formes épurées.

On préfère :

- Les tissus mats qui amincissent et les tenues monochromes qui allongent.
- Les collants sombres et opaques.
- Les décolletés jusqu'à la naissance de la poitrine pour attirer l'attention et tromper l'ennemi. Mais attention aux décolletés plongeants sur une poitrine généreuse : c'est rapidement vulgaire !
- Les jupes droites qui englobent les hanches et les cuisses sans les mouler.
- Les robes ni trop amples ni trop moulantes, droites, fluides et décolletées, au tombé lourd pour structurer la tenue.
- Les pantalons à la taille, fluides, droits, sans pinces ni poches latérales, portés avec des talons pour allonger la silhouette.

- Les vestes ¾ qui tombent sous les hanches, légèrement cintrées pour mettre en valeur la poitrine. Elles peuvent être un peu épaulées pour équilibrer les rondeurs.
- Les talons qui élancent la silhouette.
- Les chaussures à bouts arrondis. Les formes pointues font ressortir la rondeur des jambes.
- Les bottes surtout si vos chevilles sont fines.

On évite :

- Les tissus brillants, moulants ou plissés qui grossissent.
- Les imprimés à gros motifs et les rayures verticales ou horizontales qui déforment la silhouette.
- Les matières stretch qui soulignent le moindre grain de beauté et a fortiori la cellulite.
- Les superpositions qui épaississent la silhouette.
- Les collants brillants, colorés, imprimés, à motifs (résilles, dentelles).
- Les jupes plissés ou larges (type jupons) qui vous donnent l'air d'un abat-jour !
- Les minijupes qui font ressortir les cuisses.
- Les pantalons taille basse qui créent des bourrelets.
- Les pantalons pattes d'éléphant qui exacerbent les hanches.
- Les pantalons treillis. Leurs poches accentuent les hanches.
- Les pantalons à pinces.
- Les pantalons à poches latérales.
- Les blousons courts qui écrasent la poitrine et font ressortir les hanches.
- Les vestes avec poches au niveau des seins, qui alourdissent.
- Les vestes fermées qui écrasent la poitrine et le ventre.
- Les petits tops courts qui coupent le tronc et dévoilent les ventres rebondis.
- Les bermudas qui coupent la jambe en deux et la raccourcissent.
- Les superpositions de vêtements qui épaississent la silhouette, a fortiori, la cellulite.

Oui aux rayures verticales, non aux rayures horizontales !

Avant de vous habiller...

Avant toute chose, prenez soin de votre visage et de votre corps ! Que vous vous maquilliez ou non, vous devez impérativement utiliser matin et soir une crème hydratante adaptée à votre type de peau.

Votre corps nécessite aussi quelques gestes quotidiens qui prennent très peu de temps.

- Lavez-vous avec un savon surgras (Rogé Cavaillès, Sanex) qui n'agresse pas votre peau.
- Hydratez votre peau avec une crème ou une huile nourrissante.
- Et, pour conserver une peau saine, satinée, douce, éclatante, lisse et jeune, utilisez une à deux fois par semaine dans votre bain, une crème de gommage, qui élimine les cellules mortes.

Les mains

Votre âge se lit sur vos mains. Il convient donc de leur apporter le plus grand soin.

- Hydratez-les plusieurs fois par jour. Ayez toujours un tube de crème dans votre salle de bains, dans votre cuisine et dans votre sac mains.

Les pieds

C'est la partie de votre corps qui souffre le plus. Ce sont vos pieds qui supportent votre poids. Le froid et le chaud les maltraitent et les dessèchent !

- Massez-les chaque jour après votre toilette, avec une crème.
- Pensez régulièrement à les embellir. Frottez-les avec une pierre ponce, soignez leurs ongles.
- Et l'été, ne portez pas de nu-pieds sans vernis, coloré ou transparent !

La cerise sur le gâteau !

N'hésitez pas à pousser de temps en temps la porte d'un institut de beauté, pour un soin du corps, du visage, une manucure ou une pédicure ... Consacrez-vous un peu de temps... Apprenez à vous détendre... Faites du sport et... aimez-vous : ça vous rendra belle !

Les couleurs

Nous donnons ici quelques grands principes concernant les couleurs et les façons de les assortir. En revanche, il serait périlleux d'établir une correspondance entre tel type de femmes et telles couleurs. Trop d'éléments entrent en jeu: la carnation, les couleurs des cheveux et des yeux, la personnalité… Alors faites ce petit test : passez devant votre visage des étoffes de différents tons. Vous verrez immédiatement ceux qui vous mettent en valeur et ceux qui ne vous vont vraiment pas.

L'étoile chromatique
de Johannes Itten :
Elle se décompose de la façon suivante :
- *Les couleurs primaires : bleu, rouge, magenta, jaune.*
- *Les couleurs secondaires : vert, orange et violet. Elles résultent du mélange des trois couleurs primaires.*
- *Les couleurs tertiaires : pourpre, écarlate, indigo, turquoise, vert chartreuse, doré.*

Principes de base :

- Une tenue ne doit jamais comporter plus de trois couleurs. Ces couleurs doivent appartenir à la même famille (cf. étoile chromatique) ou à un camaïeu. Misez par exemple sur un pantalon bleu, un pull violet et une veste marine. Une combinaison d'orange, de violet et de marron est beaucoup plus périlleuse !
- Si vous optez pour une tenue de deux couleurs, vous pouvez jouer le contraste ou le camaïeu.
  - Le contraste consiste à associer deux couleurs opposées de la palette chromatique. Il est déconseillé aux rondes et aux petites, car il coupe la silhouette en deux.
  - Le camaïeu est une association de couleurs très proches, comme le beige et l'écru par exemple. Il allonge la silhouette, de même que le monochrome. Eh oui ! Malgré ce que l'on croit, un total look blanc n'est pas déconseillé aux femmes rondes.
- Le noir et le blanc ne sont pas considérés comme des couleurs. On peut donc les associer avec n'importe quelles couleurs. Notez que le gris est une couleur neutre qui va avec toutes les autres.
- Il faut, notamment si l'on est ronde, privilégier les couleurs sombres pour les vêtements du bas. En revanche les couleurs claires ou vives illuminent le visage.
- N'oubliez pas de réveiller une tenue entièrement sombre par une touche de couleur (accessoires ou chaussures). Des chaussures rouges par exemple, rehaussent un total look noir.
- Si vous craquez pour un top d'une couleur peu flatteuse à votre visage, complétez-le d'un foulard ou d'un collier dans un ton qui vous va.
- Et n'oubliez pas que « votre » couleur doit se porter près du visage.

Qu'est-ce qu'un basique ? Une valeur sûre, un intemporel que l'on peut accessoiriser au fil des saisons ou personnaliser au gré des situations.

Les basiques

Cette rubrique est pour vous. Vous connaissez votre morphologie, vos couleurs ? Découvrez les basiques qui vous accompagneront quelques années.

Signe d'élégance et de bon goût, il nous sauve la mise les matins où l'on ne sait pas comment s'habiller. Élégant et sobre, il ne se démode pas. Il faut le choisir de bonne qualité. Il coûte souvent plus cher que le dernier top à la mode et est rarement soldé. Mais c'est un investissement à long terme.

L'avis de Cristina :

- Chic, décontracté, fantaisie… la femme moderne mélange les genres en fonction de ses envies ou des événements.
- Personnellement, à part le tailleur pantalon, je n'aime pas trop les ensembles — style, blouson en cuir ou blouson en jean avec un pantalon de la même matière. Je préfère dépareiller ; ça dynamise la silhouette.

Les indispensables :

- Un pantalon noir, droit et élégant
- Un jean bleu brut, coupe droite, pour une tenue chic ou décontractée
- Une jupe noire
- Une petite robe noire simple
- Un tailleur jupe ou pantalon intemporel et de belle facture
- Un tee-shirt blanc à manches longues
- Un pull noir en maille fine, col V
- Un pull dans « votre » couleur
- Une belle chemise blanche qui s'adapte à toutes les occasions
- Une blouse fluide
- Une veste noire cintrée classique ou une petite veste en tweed
- Un blouson en cuir noir ou marron
- Un blouson en jean
- Un manteau noir ¾ de belle facture
- Un trench pour la mi-saison
- Une doudoune

- Une jolie montre
- Quelques bijoux fantaisie (mais attention à ne pas faire « sapin de Noël » !)
- Une ceinture fantaisie
- Un foulard en soie
- Une belle étole
- Des gants en cuir
- Des collants opaques noirs
- Un joli sac
- Des ballerines ou des chaussures plates à bouts ronds qui passent partout
- Des sandales
- Des escarpins à talons noirs
- Des bottes
- Des baskets fines (type Converse)
- … et du parfum !

Un petit tour du côté des matières

- Les matières naturelles (coton, soie, lin, laine…) sont évidemment les plus agréables à porter.
- Un peu de synthétique dans la composition globale peut donner de l'allure à l'étoffe et la rend plus facile à entretenir. Mais évitez le 100 % synthétique. Surtout pour les tops. Le synthétique provoque la sudation et en exacerbe l'odeur. Gare au tristement célèbre « à vue de nez, il est cinq heures de l'après-midi » !
- Les matières brillantes grossissent. Plus elles sont fines, plus elles révèlent les marques de cellulite. Elles sont donc réservées aux minces.
- Sous une matière brillante ou moulante, string obligatoire !

La grande vertu du basique, c'est qu'on peut le moderniser chaque année en l'agrémentant d'un accessoire fashion ! Histoire d'être tendance sans se prendre la tête ni vider son compte en banque !

Les soutiens-gorges

Tous les seins sont beaux ! D'accord… certains ont besoin d'un peu d'aide !… Mais qu'on se le dise, il n'y a pas de cas désespérés, juste des soutiens-gorge mal adaptés !

Un soutien-gorge peut mettre en valeur vos seins ou au contraire les dénaturer. Alors, suivez attentivement ces conseils qui vous éviteront chausse-trappe, faux-pas et autres erreurs !

Comment déterminer sa taille

Mesurez votre tour de poitrine sans écraser vos seins, ainsi que votre tour de buste (sous la poitrine). La différence entre les deux détermine la catégorie de bonnet. Le tour de la poitrine donne la taille du soutien-gorge.

Tableau des bonnets

Différence	Bonnet
10 cm	Bonnet A
15 cm	Bonnet B
17,5 cm	Bonnet C
20 cm	Bonnet D
22,5 cm	Bonnet E

Exemple :

Tour de poitrine = 85 cm.
Tour de buste = 70 cm.
85-70 = 15 cm

- Votre taille de soutien-gorge est donc 85B.
- Vous êtes entre deux tailles ? Choisissez toujours la plus grande.

Quel est votre type de poitrine

- Entre 70 et 85, bonnet A ou B, vous avez une petite poitrine.
- Entre 85 et 90, bonnet A ou B, vous êtes dans la moyenne.
- Au-delà de 90, bonnet C, D et au-delà, vous avez une poitrine généreuse.

Quel est le meilleur écrin pour vos seins ?

- Le soutien-gorge sans armatures :

C'est le plus confortable. Avec ses larges bretelles, il s'adapte à tous les types de poitrines, même les plus plantureuses. Mais il n'est pas flatteur pour les petits seins.

- Le balconnet et la corbeille :

Très décolletés, ils présentent une découpe arrondie. Ils dévoilent la naissance des seins, qu'ils maintiennent grâce à leurs armatures. Ils sont parfaits pour remonter les petits seins et faire pigeonner les fortes poitrines. Ils sont disponibles en bonnets A, B, C et D.

- La brassière :

Elle a été conçue pour maintenir les seins des sportives. Sans armatures, elle épouse et soutient la poitrine grâce à de larges bandes élastiques situées sous les bonnets et dans le dos. Elle est idéale pour un look sportif, mais peu adaptée aux tenues sexy.

- Le bustier :

Sans bretelles, il est parfait pour les tops bustiers. Il convient aux bonnets A, B ou C, mais est déconseillé pour les fortes poitrines.

- Le triangle :

Il est réservé aux petites poitrines pour le confort, mais n'est pas très sexy.

Gonfler ou réduire, il faut choisir !

Certains soutiens-gorges ont été spécialement conçus pour corriger les excès ou les manquements de la nature !

- Le « push-up » : rembourré, il permet de galber les poitrines menues.
- Le « minimiseur » : réservé aux bonnets C, D, E et F, il enveloppe les seins en les resserrant sans les comprimer.

Quel décolleté pour quelle poitrine ?

- Le plongeant est réservé aux petits seins.
- Le carré est idéal pour les poitrines généreuses. Si tel est votre cas, sachez que le décolleté plongeant fait rapidement vulgaire.
- D'autre part, les tops à froufrous, à jabots, bariolés, brillants ou à gros motifs grossissent. Préférez donc les tops simples.

Peut-on se passer d'un soutien-gorge ?

- Oui, si l'on n'a pas de trop gros seins (bonnets A ou B). Dans ce cas, décolleté plongeant obligatoire, pour un effet sensuel !
- En revanche, si vous avez de petits seins et que vous portez un pull moulant, portez un soutien-gorge rembourré, pour ne pas faire planche à pain !

Le conseil de Cristina

Ne laissez pas tomber vos seins ! Pensez à muscler vos pectoraux Ce petit exercice quotidien vous y aidera : Contractez et décontractez une centaine de fois vos mains jointes paume contre paume au niveau de la poitrine.

Parce qu'il est confortable et « tout terrain » le jean est indispensable. Il y en a de toutes les formes, donc un pour chacune d'entre nous…

Le jean

Le jean est incontournable dans une garde-robe. Chaque année voit fleurir de nouveaux modèles. Il peut se porter en toute occasion, à condition de l'adapter aux situations et à sa silhouette et de savoir l'accessoiriser.

Principes de base

- Préférez un jean composé d'élasthanne. Il est plus confortable et plus flatteur car il s'adapte à vos formes.
- Choisissez un bleu brut, amincissant et plus chic. Le délavé donne une connotation plus « sport ».
- Portez-le le plus long possible. Et jamais d'ourlet façon pantalon (rentré), c'est ringard ! Si le jean est vraiment trop long, faites faire la retouche à la machine, ourlet surpiqué, comme sur l'original.
- Choisissez-le toujours une taille en-dessous. Un jean se détend énormément.
- Lavez-le à l'envers, à 30° maximum. Ne le passez jamais au sèche-linge.

Quel jean pour quel look ?

- En jean et chic

  On le porte avec une blouse et une veste cintrée. Des escarpins, des bottes ou des bottines à talons lui donnent de l'allure tout en allongeant votre silhouette. N'oubliez pas de compléter le tout par un sautoir et un joli sac à main.
- En jean et décontractée

  On l'agrémente d'une chemise ou d'un pull. Aux pieds, des ballerines ou des baskets type « Converse ».

Quel jean pour quelle morphologie ?

- Vous avez des hanches prononcées et/ou du ventre : optez pour un jean à taille légèrement haute et à jambes évasées, qui équilibrera votre silhouette en évitant « l'effet Perrier ».
- Vous êtes ronde : préférez une coupe droite, sans poche sur les fesses.
- Vous êtes mince : n'hésitez pas à choisir un jean cigarette ou slim qui mettra vos jambes en valeur.

Jambes, cuisses et fesses

Bon, d'accord… tout le monde n'a pas les jambes de Cristina ! Ce qui n'empêche pas de les montrer… en suivant quelques conseils, bien entendu !

Heureuses lectrices dotées de jambes longues et fines, cette rubrique ne vous concerne pas ! Vous pouvez tout vous permettre, même les collants à motifs ou de couleurs — si le reste de votre tenue est monochrome, bien évidemment. Sans oublier les collants « résilles », très sexy, surtout portés avec des bottes et une minijupe.

Principes de base

Si vous n'avez pas des jambes parfaites,

- Ne portez pas de pantalons et de jupes dont les tissus sont brillants. Ils marquent énormément. Évitez aussi les pantalons et jeans slim. Préférez les coupes droites.

Choix des collants

- Bannissez de votre garde-robe les collants « chair ». C'est définitivement mémère et ringard !
- De façon générale, préférez les collants opaques, sombres, mats et gainants.
- Pour une grande occasion ou une soirée, vous pouvez opter pour un collant « fumé », chic et élégant.
- Usez des collants fins avec modération. Si vous en portez, gardez-en un neuf dans votre sac. La particularité du collant fin est qu'il file très vite !

Jambes épaisses :

- Avec une jupe, portez un collant noir opaque, mat et gainant qui mincit.
- Évitez les chaussures à bouts pointus. Préférez les bouts arrondis.
- Proscrivez le mariage jupe et bottines. Les bottines coupent les jambes, les rapetissent et les grossissent. Pour vous, c'est escarpins ou bottes hautes.

Jambes courtes :

- Portez des talons.
- La longueur vous tasse, choisissez des jupes courtes ou juste au-dessus du genou.
- Optez pour des tenues monochromes qui allongent.

La forme « taille Empire » englobe les seins puis part en s'évasant, masquant avec élégance les rondeurs disgracieuses.

- Évitez les tailles basses. Portez des vêtements droits et des pantalons très légèrement évasés en bas. Pour les robes et les tuniques, préférez les tailles « Empire ».

Mollets musclés :

- Évitez les pantacourts
- Faites attention aux talons très hauts qui en sollicitant le muscle du mollet, le font ressortir.

Chevilles épaisses

- Évitez les chaussures à brides qui coupent la cheville.
- Préférez les chaussures décolletées.

Gros genoux

- Choisissez la longueur de vos jupes au-dessus ou au-dessous du genou, mais jamais au milieu, pour ne pas faire ressortir les rondeurs.

Fesses cambrées :

- Choisissez des pantalons et des jupes sans poches sur les fesses.

Fesse plates :

- Préférez les pantalons avec poches à l'arrière.
- Évitez les leggings.

Épaules et bras

*Manches ballons,
raglan, courtes,
trois-quarts, longues,
moulantes ou bouffantes,
emmanchures
américaines… :
il y en a pour toutes
les morphologies.
Suivez le guide…*

Les épaules et les bras sont des atouts féminins qu'il convient de savoir mettre en valeur. Selon qu'elles sont plus ou moins développées, plus ou moins maigres ou enrobées, vos épaules ne supportent pas le même type de décolleté. Même chose pour vos bras… Déterminez une fois pour toutes ce qui vous va le mieux…

Si vous avez des bras ronds ou vieillissants

Évitez les débardeurs, les manches courtes et les manches ballons. Misez plutôt sur les manches ¾ ou longues et les matières fluides. Pas de stretch qui « boudine » !

Si vous avez des bras maigres

Les manches ballons sont pour vous : elles les étofferont. Misez sur les manches ¾ et longues, évasées ou bouffantes et évitez le stretch qui accentue la maigreur.

Si vous avez les épaules carrées

Évitez les épaulettes, qui accentuent la carrure, les emmanchures américaines qui font des épaules de nageuse, les rayures horizontales qui élargissent et les mailles fines qui en moulant les épaules les font ressortir. Préférez les manches raglan sans coutures aux épaules, les chemises et les cols V profonds et les tissus mats.

Si vous avez peu de carrure ou les épaules tombantes

Choisissez des vestes épaulées.

Le conseil de Cristina

Pour mettre en valeur son port de tête, sa silhouette et notamment ses épaules, on se tient droite !

Petit exercice : marchez en imaginant qu'un fil invisible tire votre tête vers le haut. Vous sentirez vos épaules s'ouvrir…

Ventres rebondis

Quelques séries d'abdominaux tous les jours, c'est bon pour la silhouette... et pour le moral !

Au lieu de maudire leurs bourrelets, chouchoutons nos bidons ! Apprenons à les entretenir et à les habiller avec bon sens. Si le trop moulant exacerbe les poignées d'amour, le style « sac » n'est pas non plus du meilleur effet. On voit tout de suite qu'il cache quelque chose, un ventre de femme enceinte par exemple. Pour éviter tout malentendu, apprenons à nous habiller en conséquence...

Misez sur les abdos :

- Assise sur votre chaise de bureau les genoux serrés et le dos droit, levez les genoux et baissez-les sans toucher le sol. Répétez ce mouvement 10 fois de suite. Cinq séries quotidiennes de ce petit exercice vous aideront à retrouver votre ventre plat.
- Pour effacer les poignées d'amour, prenez un manche à balai. Tenez votre dos droit, écartez les jambes dans la largeur des épaules puis basculez de gauche à droite en contractant le ventre.

Quelques astuces

- La « culotte gaine » : bien enveloppante, elle réduit visiblement les bourrelets. On trouve aujourd'hui des modèles presque sexy !
- Évitez les pantalons à pinces qui rajoutent du volume au niveau du ventre, ainsi que les tailles basses qui font ressortir les bourrelets. Préférez les tailles intermédiaires ou carrément à la taille.
- Évitez les hauts clairs, à motifs, brillants ou moulants qui grossissent. Préférez les étoffes sombres, unies, fluides et mates
- Ne rentrez jamais votre top dans votre jupe ou votre pantalon. Laissez-le flotter. Ca noie le poisson!

Les chaussures

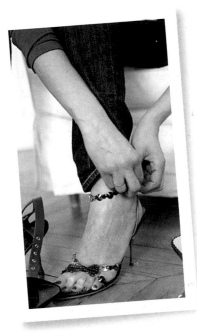

Un joli pied bien chaussé, c'est bien. Bien chaussé et bien soigné, c'est mieux...

Plates, hautes, compensées, à bouts pointus ou ronds, chic ou sportswear…les chaussures ont échappé aux diktats de la mode. On en trouve pour tous les goûts et pour toutes les jambes. Quelques règles à connaître avant de chausser les vôtres.

Escarpins et chaussures à brides

- Pour ne pas faire mémère, les escarpins doivent être très décolletés et dévoiler la naissance des orteils.
- Préférez les bouts arrondis si vous avez des grands pieds. Le pointu allonge.
- Une bride qui coupe la cheville est à proscrire lorsque l'on a des chevilles épaisses.

Bottes et bottines

- Ne mettez jamais de boots ou de bottines si vous avez le mollet fort. Préférez les bottes hautes jusqu'aux genoux (évasées pour les mollets très forts) qui allongent la jambe.

Sandales

- Porter des nu-pieds nécessite d'avoir des pieds et des ongles impeccables. La pose de vernis incolore ou coloré est indispensable. N'oubliez pas non plus la pierre ponce (surtout sous le talon) et la crème hydratante.

Les talons

- Élégant, le talon allonge la jambe et donne de l'allure.
- Si vous n'avez jamais marché avec des talons, choisissez-les petits et épais ou compensés.
- Un talon de 8 cm ou plus est plus confortable avec un petit patin sous le devant de la chaussure, qui allège la cambrure.
- Les talons compensés sont plus confortables qu'une chaussure à talons classique.

Les lunettes

Porter des lunettes n'est pas une punition ! Une paire de bésicles peut même sublimer votre regard et le caractère de votre visage. Encore faut-il savoir les choisir… en fonction de votre visage, et non pas en fonction de la mode, ce qui est trop souvent le cas !

Respectez la forme de votre visage

Si vous ne supportez pas les lentilles de contact, choisissez des lunettes dont les montures sont en adéquation avec la morphologie de votre visage.

- Si vous avez le visage ovale ou rond, préférez les montures rectangulaires (horizontales).
- Si vous avez le visage carré, optez pour des lunettes un peu ovales, qui adouciront vos traits.
- Si vous avez le visage large, évitez les petites lunettes.
- Si vos yeux sont tombants, optez pour les formes « papillon ».
- Si vous avez un petit visage, évitez les grosses lunettes sous lesquelles vous risquez de disparaître.

Halte aux montures invisibles !

Contrairement aux idées reçues, plus les montures des lunettes sont discrètes (voire inexistantes) plus elles sont voyantes et plus elles banalisent le visage.

Se maquiller sans hésiter

Les femmes à lunettes doivent maquiller deux fois plus leurs yeux, car le verre absorbe la lumière. Jugez donc du rendu de votre maquillage, une fois vos bésicles remises sur le bout de votre nez.

Les lunettes ?
Un accessoire de
séduction aussi….

Petits trucs de maquillage

Le maquillage est un art, soit ! Pourtant toutes les femmes doivent être capables d'en comprendre le B.A.-ba, et de le mettre en œuvre chaque matin, en 5 minutes maximum ! Devenez experte ès make-up en consultant nos petits trucs.

Se maquiller c'est mettre en valeur nos atouts naturels. Ne nous en privons pas…

Principes de base

- Démaquillez-vous et nettoyez votre peau tous les soirs !
- Il faut impérativement appliquer une crème adaptée à sa peau avant de se maquiller.
- Cette crème doit être riche en eau si votre peau est déshydratée (crème hydratante), et riche en corps gras si elle est très sèche (crème nourrissante).
- Attention, une crème trop grasse sur une peau qui n'en a pas besoin, fait briller. Résultat: le fond de teint tient mal et le résultat risque fort de ne pas être très heureux.
- Si votre peau est mal hydratée, elle boit le fond de teint qui vire en plaques.
- Dans tous les cas, choisissez une crème dotée d'un fort indice de protection UV.
- Entretenez vos lèvres avec un baume prévu à cet effet. Aucune crème de jour n'est suffisante pour hydrater et nourrir les lèvres qui nécessitent beaucoup plus d'apports en eau et en gras que le visage. Sur des lèvres souples, le rouge à lèvres tient beaucoup mieux.
- Et n'oubliez pas de boire au moins 1,5 litre d'eau par jour !
- Le maquillage sert à révéler votre beauté, pas à masquer vos problèmes de peau.
  - Il existe aujourd'hui des traitements rapides et efficaces, notamment contre l'acné. Alors n'hésitez pas à consulter un dermatologue, il saura vous conseiller.
  - Si vous avez peu de temps, privilégiez toujours le teint, au travail des yeux ou de la bouche. Avec un joli fond de teint, un soupçon d'anti-cernes, un voile de poudre et un peu de blush, vous aurez toujours bonne mine.

- N'ayez pas peur d'utiliser les pinceaux pour l'application de tous les produits de maquillage. Le résultat sera plus naturel et plus professionnel. Ne cherchez pas à assortir votre maquillage à votre tenue. Le maquillage est là pour mettre en valeur vos atouts naturels, pas votre nouvelle robe !

Le teint :

Fonds de teint et poudres

- Le bon endroit pour tester la couleur du fond de teint qu'il vous faut, n'est ni le dessus de la main, ni le dessous du poignet. Ce sont les maxillaires, qui font le lien entre le visage et le cou. Choisissez la couleur la plus proche de celle de votre peau à cet endroit. Si votre carnation est mate, optez pour un beige. Si elle est blanche-rose, optez pour un rosé.

- Attention ! Utiliser un produit plus foncé que sa peau, vieillit et durcit les traits. A l'inverse, un teint clair apportera toujours de la fraîcheur.

- Pour éviter l'effet « épais » : choisissez une texture légère, notamment si votre peau est plutôt fine et claire. Appliquez votre fond de teint au pinceau et finissez avec une touche de poudre libre de préférence ; la poudre compacte est plus couvrante et moins naturelle.

- Les peaux mates, métisses et noires supportent un peu plus de matière et peuvent opter pour un fond de teint-poudre.

- Appliquez le fond de teint au pinceau en faisant de grands mouvements de l'intérieur vers l'extérieur.

Anti-cernes

- L'anti-cernes cache non seulement les cernes mais aussi les rougeurs et les boutons. Contrairement au fond de teint, choisissez plutôt un anti-cernes à l'inverse de votre carnation : beige pour une peau rose, rosé pour une peau mate. Appliquez-le impérativement au pinceau, notamment sur les boutons.

- Avant de poser l'anti-cernes, massez le cerne doucement de l'extérieur vers l'intérieur, avec une crème «contour de l'oeil.. Appliquez l'anti-cernes dans le creux du cerne uniquement. Poudrez légèrement pour matifier et fixer.

La recette de Cristina

Pour corriger un teint brouillé : mélangez du sucre roux à gros grains à un jus de citron. Appliquez sur votre visage en massant doucement avec des mouvements circulaires. Ce gommage naturel hebdomadaire éclaircira votre teint tout en enlevant les cellules mortes.

Pas besoin d'en faire des tonnes ! L'essentiel est de déterminer les matières et les couleurs qui nous vont !

Blusch

- Ne cherchez pas toujours à assortir le blush à votre rouge à lèvres. En cas de doute, choisissez la couleur la plus proche de votre carnation naturelle quand vous avez bonne mine.

- Attention ! Les marrons plombent les peaux mates, alors que les rouges-rosés les subliment. Pour appliquer votre blush, faites un grand sourire. Partez du haut de la pommette et étirez vers la tempe.

Les yeux :

- Pour une meilleure tenue du fard à paupières : il existe des fards crémeux waterproof de couleur neutre que l'on applique sur l'ensemble de la paupière. Ils peuvent servir de base fixante au maquillage des yeux.

- Si vous avez les yeux très cernés, évitez les marrons mordorés et les bruns, surtout sous la paupière, car ils ont tendance à recréer le cerne.

- Les fards irisés illuminent le regard mais ils se nichent dans les ridules des paupières. À réserver donc aux peaux jeunes.

- Les fards rosés font ressortir les yeux bleus.

- Les fards prune font ressortir les yeux verts.

- Les fards marron font ressortir les yeux marron et noirs.

- Le mascara agrandit l'œil et approfondit le regard. Il est particulièrement indispensable lorsque l'on a les cils pâles. Le noir est une valeur sûre, quelle que soit la couleur de vos yeux.

- Posez la brosse à la racine des cils, puis étirez en zigzag jusqu'aux pointes.

- Si vous avez les yeux tombants, étirez les fards vers les tempes.

- Astuce : si vous maquillez beaucoup vos yeux, faites léger pour la bouche, et vice-versa. Le total look « hyper maquillé » fait rapidement pot de peinture !

Les lèvres :

- Appliquez toujours un baume hydratant avant de poser le rouge à lèvres.

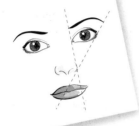

*Pour des sourcils
bien épilés, ni trop, ni
pas assez, respectez
le schéma : enlevez
ce qui dépasse
à l'extérieur et à
l'intérieur des deux
lignes en pointillés.*

- Pour bien dessiner la lèvre, on peut appliquer un trait de crayon contour de la même couleur que le rouge à lèvres. Attention aux crayons plus foncés que le rouge à lèvres, qui durcissent.
- Il est conseillé de poudrer légèrement ce contour pour que le rouge ne « file » pas.
- Pour plus de précision, il est préférable d'appliquer le rouge à lèvres au pinceau.
- Si vous avez les lèvres très fines, choisissez des rouges à lèvres givrés, nacrés ou des gloss qui apportent du volume.

Les sourcils :

- Le sourcil est la coiffure de l'œil ! Il est donc indispensable de l'entretenir, de le sculpter, mais en respectant dans la mesure du possible, sa ligne naturelle.
- Si on affine trop le sourcil, on agrandit la paupière, on diminue l'œil et on perd le regard.
- Pour les sourcils indisciplinés, il existe des mascaras « spécial sourcils » transparents qui permettent de brosser vers le haut tout en fixant.

Astuces peaux noires et métisses :

- Les peaux noires et métissent absorbent la lumière. Il convient donc de leur en apporter, notamment par le biais de couleurs vives. Sur une peau blanche, un fard à paupières bleu roi peut faire clown. Sur une peau noire, il est divin. Et n'hésitez pas à mélanger fards mats et irisés.
- Pour les lèvres préférez les tons prune, violine, bordeaux, plus ou moins foncés selon votre carnation.

Astuces peaux asiatiques :

- Il existe pour donner de l'éclat aux peaux asiatiques des crèmes de jour composées de microparticules rosées.
- Gardez les dégradés pour la grande arcade de l'œil et recouvrez votre paupière mobile d'un trait de fard monochrome, en insistant sur le point externe.

Un seul produit par pinceau ! Et n'oublions pas de les nettoyer à l'eau et au savon une fois par semaine !

• Travaillez- vos cils au recourbe-cils avant d'appliquer votre mascara. Respectez bien ces deux étapes. Appliquer le recourbe-cils après le mascara risque de casser les cils.

Astuces peaux blanches rosées :

• La peau de vos paupières, souvent très fine, tire vers le « rosé veiné ».

• Appliquez, comme base de maquillage un fard beige clair qui les unifiera en illuminant le regard. Pour gommer les petites rougeurs, choisissez un anti-cernes beige.

Astuces peaux mates et méditerranéennes :

• Pour redonnez de l'éclat pendant l'hiver ou l'on n'est plus bronzé, utiliser un fond de teint beige lumineux et un blush rosé.

• Choisissez un anti-cernes rosé, pour contrebalancer les pigments jaunes des cernes.

Petites astuces de coiffure

C'est votre visage qui détermine la coupe de cheveux qu'il vous faut…

Respectez vos cheveux :

Dans la mesure du possible, laissez sécher vos cheveux à l'air libre.

Essorez-les et essuyez-les soigneusement avec une serviette. Coiffez-les dans le sens de l'implantation.

S'ils sont bouclés, froissez-les régulièrement pendant qu'ils sèchent. Les matins où vous ne les lavez pas, vaporisez-les d'un peu d'eau à laquelle vous aurez ajouté un voile d'essence de lavande. Les boucles se reformeront tout naturellement !

Attention aux boucles !

Vous pouvez utiliser un sèche-cheveux, uniquement si vos cheveux sont raides. Car la puissance de l'air casse les boucles et donne un effet crêpé aux cheveux frisés. Si vous avez ce type de chevelure et que vous n'avez pas la patience de la laisser sécher naturellement, utilisez impérativement un sèche-cheveux à diffuseur.

Et pas trop de produits coiffants...

Il faut éviter les produits coiffants et autres gels. Si la coupe est la bonne, le cheveu a juste besoin d'être nourri.

Un petit truc : la crème Nivéa soft est un soin quotidien formidable. Mettez-en une noisette dans vos mains, frottez-les l'une contre l'autre ; empoignez vos cheveux sans les froisser. Et le tour est joué !

Debout, autour de moi : Romain, notre ange-gardien à tous,
Christine mon « Google » à moi, Iram ma fée Clochette
et Alexandre bien sûr... Devant, assis : Pierre et José, les
sorciers du make-up, Sylvie The coiffeuse, Alexie bien sûr...,
Caroline mon assistante géniale et souriante et Camille,
qui l'a bien aidée.

Merci mes chériiiiiiiiiis !!!!

Pour nos 40 participantes, Cristina a choisi :

Amandine : tunique, collier, jean et sandales Day Birger & Mikkelsen

Anaïs : chemise et jupe Zara, collier Chacha, mules Dr Sholls

Annabelle : blouson Naf Naf, robe Avant Première aux Galeries Lafayette, collant Bleu Forêt, bottes André

Annie : robe Promod, ceinture La Redoute, collant Le Bourget, escarpins Maloles

Audrey : robe Calypso, pochette Sinéquanone, bottes André

Carole : veste H&M, robe Firmaman, broche et boucles d'oreille Bala Boosté

Charlotte : veste H&M, t-shirt Promod, jean Mango, boots André, sac Maÿrev

Eléna : imperméable et pull Avant Première aux Galeries Lafayette, pantalon Camaieu, escarpins André

Elisa : robe Antic Batik, escarpin H&M

Elisabeth : veste Promod, t-shirt H&M, jean Levis, escarpins Osmose, broche Chacha, boucles d'oreille Pierre Lang

Evelyne : chemise Zara, jupe Regina Rubens, collant Dim, bottes La Chausseria

Fabienne : robe Sinéquanone, collant Bleu Forêt, ballerines Zara

Franciane : top Kate & Jack, jean Naf Naf, escarpins Osmose

Habiba : top Georges Franck, jupe Benetton, collant Le Bourget, bottes La Chausseria, boucles d'oreille Les Néréides

Hélène : trench Naf Naf, robe Laroque

Isabelle : gilet H&M, t-shirt April/May, pantalon Naf Naf, ballerines Promod.

Jessica : veste et chemise H&M, pantalon Ulla Popken, broche les Néréides,

Leïa : blouson H&M, t-shirt Pimkie, pantalon Ulla Popken, bottines André, ceinture et mitaines Pimkie, pendentif Les Perles de Noa

Lorena : robe Avant Première aux Galeries Lafayette, boucles d'oreille Les Néréides, escarpins H&M

Marie : tunique French Connection, leggings Promod, ballerines Maloles, collier Les Perles de Noa

Marie-Cécile : veste et t-shirt Mango, jean La Redoute

Marion : chemise Zara, jupe H&M, escarpins Osmose

Martine : chemise Mango, pantalon Zara, Collier Chacha, escarpins André

Mathilde : trench Jodhpur aux Galeries Lafayette, pull 3 Suisses, jupe Sinéquanone, bottes André

Maud : tailleur et chemise Briefing aux Galeries Lafayette, escarpins Parallèle, collier Maÿrev, lunettes Marc Le Bihan

Monia : robe Kate & Jack, ceinture Avant Première aux Galeries Lafayette, escarpins Osmose, pochette Karine Arabian

Mounia : trench Jodhpur, chemise Briefing aux Galeries Lafayette, pantalon La Redoute, sac Naf Naf, ballerines Promod

Nadeya : chemise et pantalon C&A, collier Marion Godart, Sac Karine Arabian

Nadia : veste et bermuda Naf Naf, pull La Redoute, écharpe Accesorize, escarpins André

Nathalie : blouson Kookai, robe et collier Promod, collant Dim, bottes La Chausseria, lunettes Marc Le Bihan

Noémie : veste Mango, top Day Birger & Mikkelsen, jean Lee, ballerines H&M, créoles Agatha

Paola : manteau Etam, robe Avant Première aux Galeries Lafayette, collant Le Bourget, escarpins Naf Naf, sac La Bagagerie

Pascale : manteau et colliers Le Petit Bazar, robe BCBG, collant Le Bourget, chaussures Maloles

Patricia : robe et collier Oliver Jung, bracelet Bala Boosté, collant Le Bourget, escarpins André

Solène : robe Des Petits Hauts, ceinture Promod, collant Le Bourget, escarpins Parallèle, boucles d'oreille Les Néréides

Soraïa : chemise et jean Mango, collier Chacha, chaussures Karine Arabian

Stéphanie : manteau Le Petit Bazar, top Naf Naf, pantalon Xanaka, escarpins Minelli

Thao : chemise et robe Etam, collant Le Bourget, chaussures André, boucles d'oreille Agatha

Wahiba : blouson, robe et écharpe Naf Naf, leggings Promod, ballerines Promod.

Zoé : robe Briefing aux Galeries Lafayette, collant Dim, escarpins Osmose, collier Les perles de Noa.

Sur la couverture, Cristina porte un top Malene Birger
Toutes les photos ©Alexandre Isard sauf page 269
Coll. Archives Larousse © ADAGP, Paris 2008.

Photogravure : Turquoise, Emerainville
Imprimé en France par CLERC, Saint-Amand.
Dépôt légal : avril 2008 - 301906/01 - 11006746 - mars 2008